南東北名山ガイド

泉ケ岳

IZUMIGATAKE

船形山

FUNAGATAYAMA

河北新報出版センター

船形山の頂からの大展望には誰もが見とれる

麓の根白石から仰ぐ泉ケ岳

泉ケ岳さいの河原付近からは仙台市街が一望できる

晩秋の七ツ森遊歩道

南東北名山ガイド

泉ケ岳 1171.9メートル・船形山 1500.1メートル

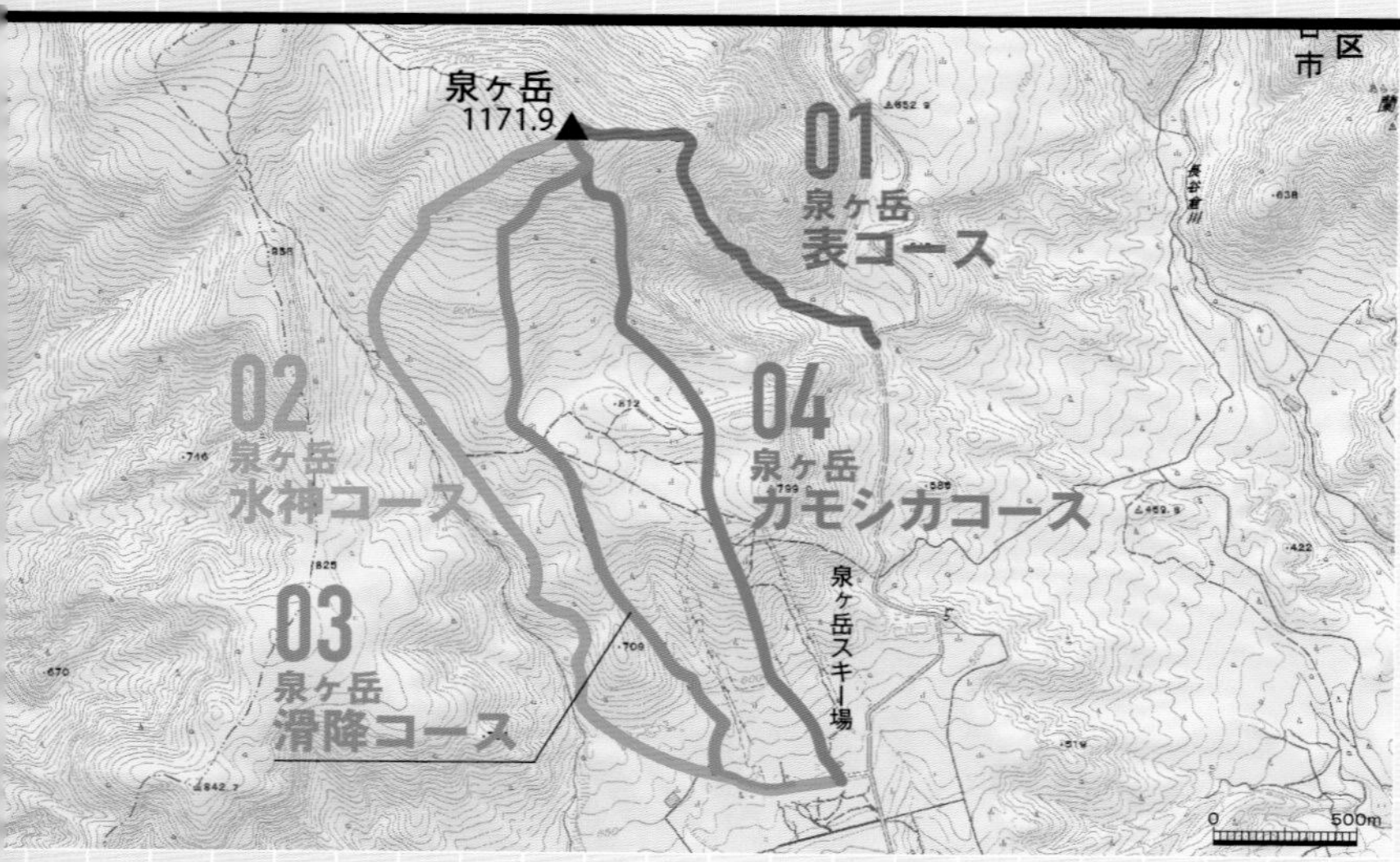

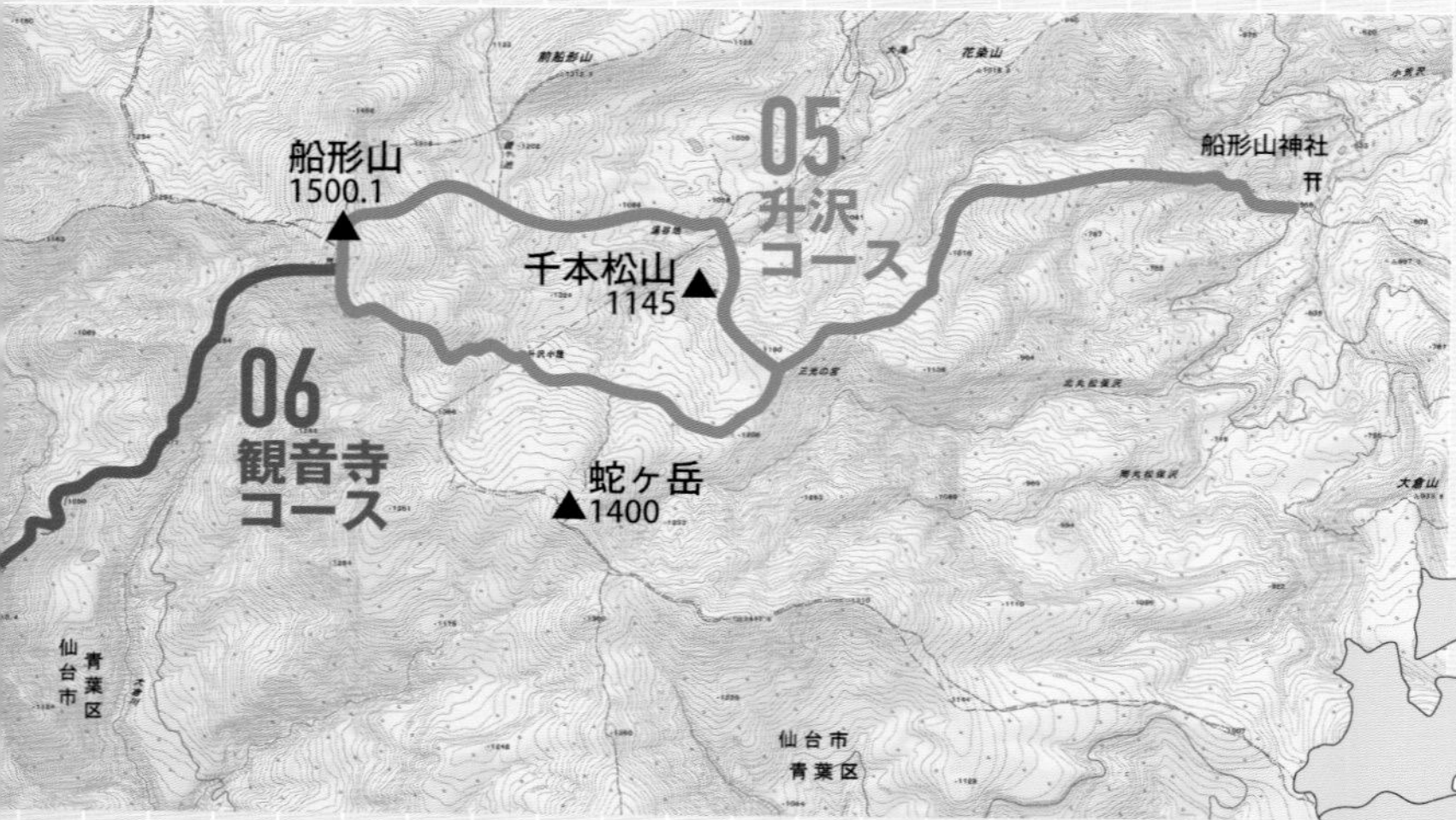

船形連峰は、奥羽山脈の中央部にある山塊で、山形県尾花沢市、村山市、東根市、宮城県仙台市、大和町、大衡村、色麻町、加美町に裾野を広げている。その最高峰は、東麓地域では船形山、西麓地域では御所山と呼ばれ広く親しまれている。

　連峰の中でも泉ケ岳の知名度は群を抜いており、季節を問わず多くのハイカーが訪れる。泉ケ岳が山登りの原点

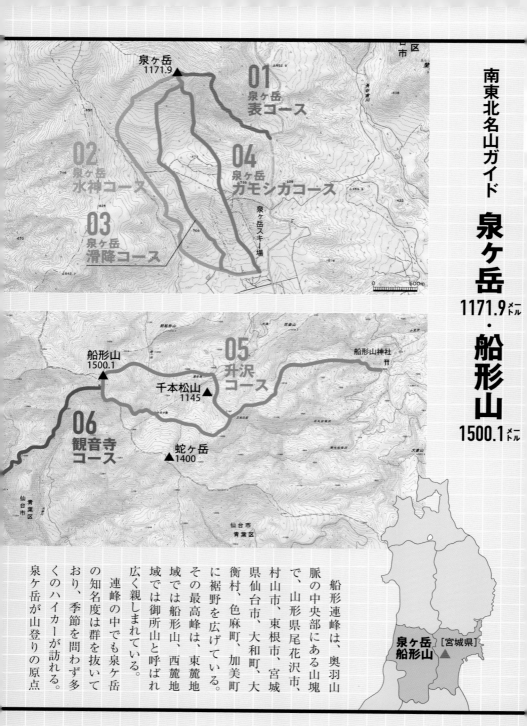

目次　南東北名山ガイド 泉ヶ岳・船形山

コースガイド

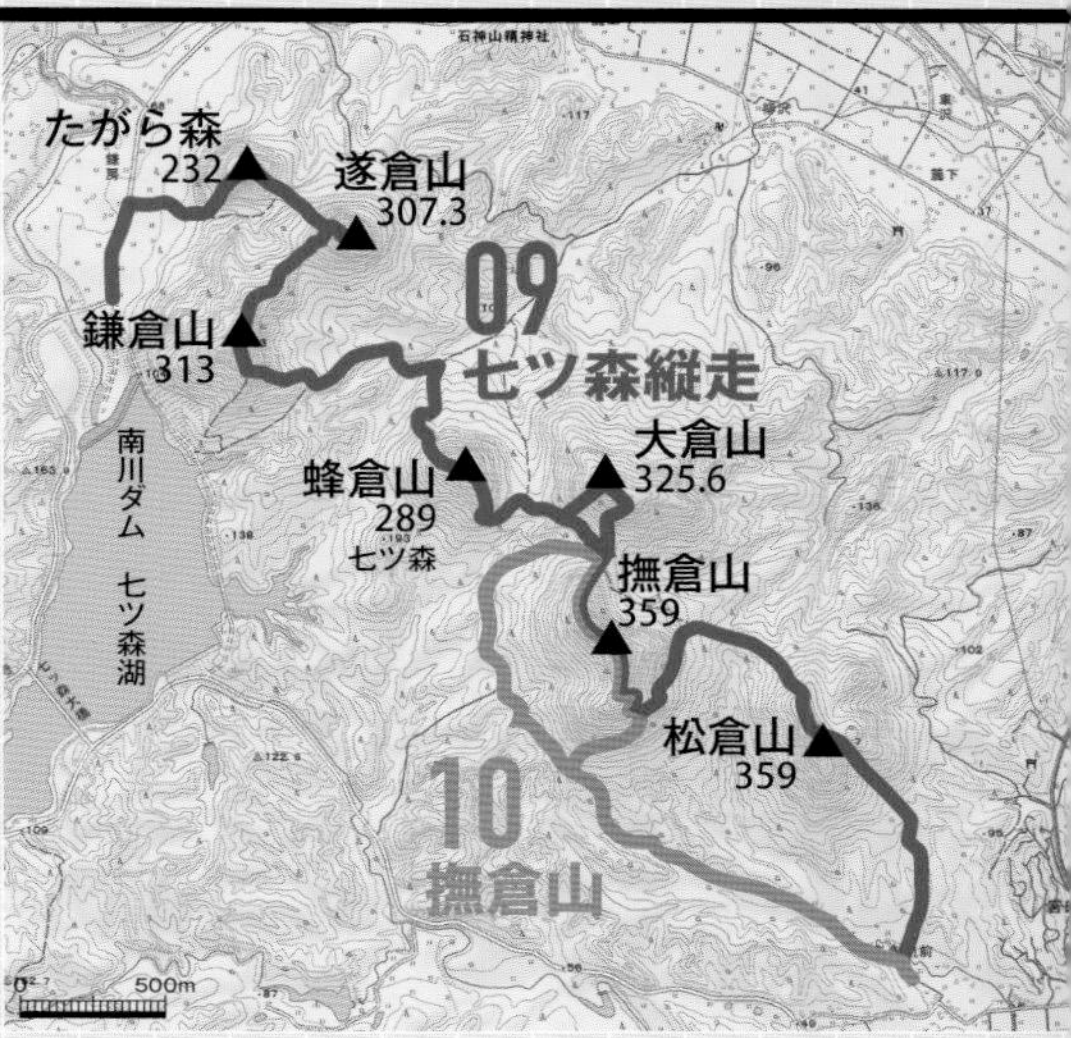

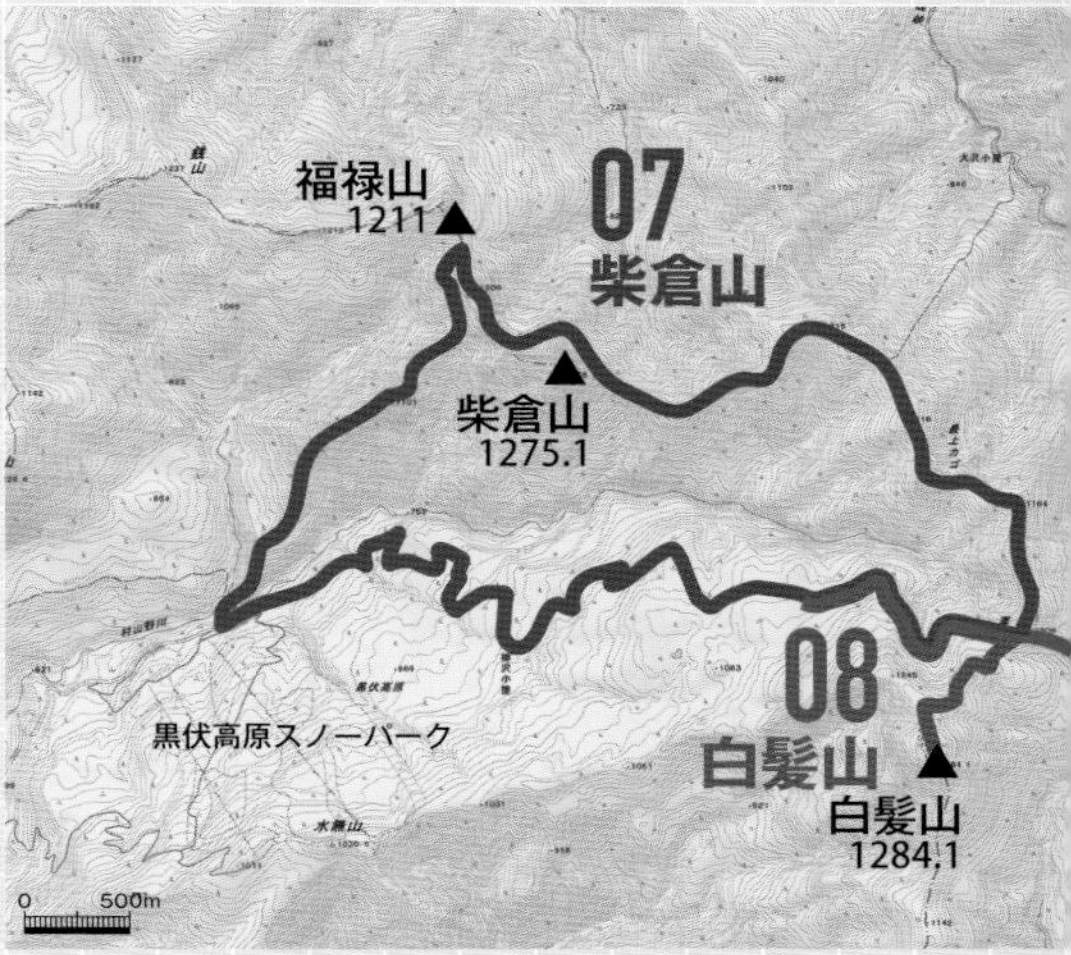

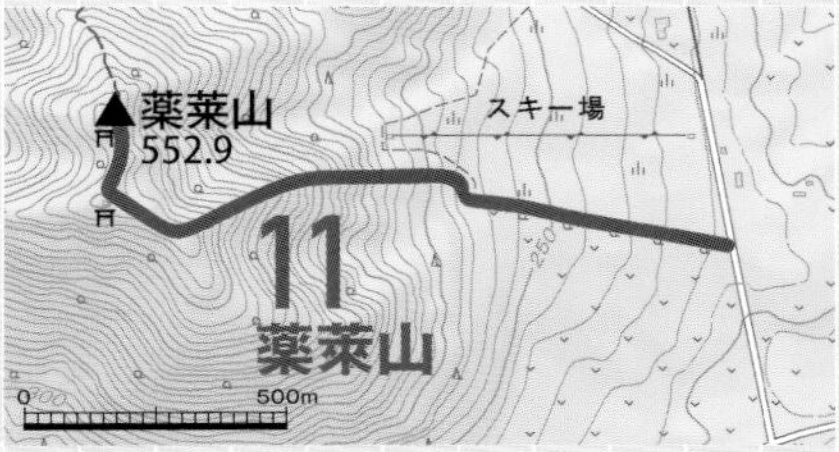

だというハイカーも多い。高山的景観や多様な高山植物を擁する栗駒山や蔵王連峰に比肩するほどの人気を持つ、宮城県を代表する山の一つだ。

　どの季節に連峰のどのピークを目指すかによって抱えるリスクは異なる。本書で紹介するコースでは、季節、天候に応じて適切な計画を立て、安全に登山を楽しんでほしい。泉ケ岳や船形連峰を歩くことで、山の魅力や難易度はその標高が高いか低いかで決まるものではないと、認識を新たにすることだろう。

course 01

泉ヶ岳《いずみがたけ》 表《おもて》コース

かつては薬師道と呼ばれた泉ヶ岳のクラシックルート

難易度 ★★☆☆☆
体力度 ★★☆☆☆

登山口　表コース入口
参考タイム　表コース入口～山頂　登り▼1時間40分　下り▼1時間

　本書で取り上げる泉ヶ岳登山コースで、唯一登山口が異なる場所にある。泉ヶ岳スキー場前にある大駐車場から車道をスプリングバレー仙台泉スキー場方面に進むと、15台程度駐車可能な表コース登山口へ着く。

　表コースは、他の3コースと違い、より手付かずの自然を感じながら歩くことができる。新緑の頃や紅葉の頃は特にお勧めのコースだ。約2㌔の車道歩きが苦でなければ、他のコースと組み合わせて周回するのがよい。泉ケ岳の魅力をより感じることができる。

　登山口を出発すると、間もなく薬師水にたどり着く。時期によって、薬師沢の流れは水がないこともある。水深はさほどないが、石のぬめりなどに注意しながら渡りたい。

　薬師水を過ぎると、それまでの緩い坂道とは打って変わり、急坂の登山道へと変貌する。巨岩が並ぶ登山道を進んでいくと、胎内くぐりと呼ばれる大きな岩塊へとたどり着く。他の山域にある胎内くぐりよりはるかに狭い岩の隙間は、小柄

美しいブナ林も表コースならでは

広葉樹の森歩きが表コース最大の魅力

胎内くぐりは表コースの代名詞だ

山頂手前に近年見つかった薬師如来像が安置されている

なハイカーでないと通れないほどだ。胎内くぐりの脇に岩塊を迂《う》回《かい》するルートがあるので、多くの人はこちらを通ることになるだろう。

紅葉樹の森に深みが増してくる頃、ドーダン林と名付けられた広場にたどり着く。シロヤシオ（ゴヨウツツジ）が生い茂る場所で、その花は初夏に山を彩る。急坂に疲れた体を片時休めるのに好適な場所だ。

ブナが茂る尾根道に出ると、いくぶん傾斜は緩やかになり、山頂が近いことを感じさせる。薬師如来を祀《まつ》る薬師堂を過ぎると、泉ケ岳山頂だ。

course 02

泉《いずみ》ヶ《が》岳《たけ》 水《すい》神《じん》コース

さいの河原からの展望に心奪われる泉ヶ岳一番人気のコース

難易度 ★★☆☆☆
体力度 ★★☆☆☆

◎登　山　口　水神コース入口
◎参考タイム　水神コース入口〜山頂　登り▼2時間　下り▼1時間30分

泉ケ岳登山コースの中で、最も人気が高いのが水神コースだ。分岐らしい分岐もなく、山頂まで一本の道でつながっている。また、泉ケ岳で最も素晴らしい展望が得られるさいの河原があることも人気の理由だ。

大駐車場を過ぎ、泉岳自然ふれあい館を右手に見ながら舗装路を進む。途中で滑降コース入り口を過ぎ、さらに舗装路を直進すると水神コース入り口がある。

しばらくは緩やかな道が続く。比較的背の高い樹木と背の低いササ原が作り出す独特の景観の中を進んでいくと、水神平と呼ばれる分岐点がある。右手にお別れ峠に続く道があり、直進して水神の碑を目指す。水神の碑までは進行方向左手の沢沿いに進むようになる。

水神の碑手前まで来ると登山道が広くなっており、休憩に好適な場所となっている。暑い時期は、目の前を流れるヒザ川の流れで涼をとるのもいい。この近くに大きな岩に大きな文字で水神と刻まれた石碑があ

さいの河原から眺める船形連峰の連なり

る。この石碑が泉ケ岳のシンボルとも言えるモニュメントだ。

　水神の碑からは登山道が北東に向かい、少しずつ傾斜が増してくる。泉ケ岳の特徴ともいえる小さな岩が点在する路面となっている。やがてドウダンなどの灌《かん》木《ぼく》帯に変わり、一気に視界が開ける場所へとたどり着く。この場所がさいの河原と呼ばれる場所で、泉ケ岳随一の展望地となっている。好天に恵まれれば、遠く朝日連峰まで望むことができ、素晴らしい景色に心奪われることだろう。

　展望抜群のさいの河原を過ぎるとわずかな距離で泉ケ岳山頂だ。残念ながら泉ケ岳山頂には展望がない。

適度に開放感があり、とても歩きやすいコースだ

水神の碑は水神コースのシンボルだ

17　泉ケ岳さいの河原付近からは天候に恵まれれば、遠く朝日連峰も見ることができる

course 03

泉《いずみ》ヶ《が》岳《たけ》 滑《かっ》降《こう》コース

いにしえのスキーコースに由来 登りがいのあるコース

難易度	体力度
★★☆☆☆	★★☆☆☆

◎登山口　滑降コース入口

◎参考タイム　滑降コース入口〜山頂　登り▼2時間10分　下り▼1時間40分

登山道らしからぬコース名がおもしろい。かつて山頂から滑り降りるスキーコースがあったため、その名残で滑降コースと名付けられている。中腹から山頂にかけては、さすがスキーコースに由来するだけあって急坂だが、お別れ峠までは比較的緩やかな登山道となっている。

泉ケ岳スキー場前にある大駐車場から泉岳自然ふれあい館を目指して進む。舗装路を進むと、右手に「滑降コース入口」の標識が見えてくる。直進すると水神コースだ。

標識に従い進んでいくと、登山道と書かれたフェンスがある。この先に登山道が続いている。比較的背の高い樹木が多い、広くて歩きやすい道が続いている。傍に広がる背の低いササ原とあいまって独特の景観を作り出している。

やがてお別れ峠と呼ばれる五差路にたどり着く。この場所は泉ケ岳登山道の中で最も迷いやすいポイントで、登りでも下りでも標識に記載された行先をしっかりと確認したい。滑降コースは、お別れ峠の標柱を過ぎた先に続いている。

お別れ峠を過ぎると、見返平と呼ばれる展望地がある。眼前に泉ケ岳の山体を、振り返ると仙台平野を、望むことができる。この付近から傾斜が増してきて、本格的な登りとなる。

大壁と呼ばれる場所は、

大壁周辺は岩場の道となる

お別れ峠で道を誤らないよう気をつけたい

大きな岩が点在し、一見難所に見えるが、手掛かり、足掛かりはしっかりとしている。登ってから振り返ってみると、それほど大変な道に見えないから不思議だ。

トラバース気味に高度を上げていくと、カモシカコースと合流する。合流点を過ぎると、間もなく泉ケ岳山頂にたどり着く。

見返平で仙台平野を見下ろす

目指す泉ケ岳山頂を仰ぐ

course 04

泉ヶ岳《いずみがたけ》 カモシカコース

バリエーション豊かな登山道が魅力
美しい兎平を経て泉ヶ岳山頂を目指す

難易度 ★★☆☆☆
体力度 ★★☆☆☆

◉登山口 カモシカコース入口
◉参考タイム カモシカコース入口～山頂
登り▼2時間10分
下り▼1時間40分

カモシカコースはスキー場から登り始める

スキー場からの見晴らしも素晴らしい

本書で取り上げる泉ケ岳登山コースの中で、唯一スキー場のゲレンデを歩くコースがカモシカコースだ。泉ケ岳大駐車場から泉ケ岳スキー場のゲレンデに歩を進めると、カモシカコース入口の道標がある。ゲレンデを見上げて左側に登山道があり、リフト終点まで登る。リフトは雪がない季節も登山リフトとして運行しているので、ハイカーも利用できる。

ゲレンデを登り、兎平《うさぎたいら》と呼ばれる草原帯を目指す。兎平は白樺林が立ち並ぶ独特の景観が広がっている。特にススキが生い茂る秋が白眉で、紅葉に染まる泉ケ岳との景観は、しばし足を止めていたくなるほどだ。

兎平には岡沼と呼ばれる湖沼があるが、雪解け水がたまる時期と大雨が降った時などの限られた時期にしか、その姿を見ることができない。岡沼を周回してもしなくても、またカモシカコースと案内がある方向のいずれに進んでも、カモシカコースとして山頂へと続

カモシカコースと言えば兎平が白眉だ

いている。

　山頂へと続く急坂は、泉ケ岳登山道の中でも屈指の急坂であり、適度に休憩をとりながらゆっくり進みたい。急坂も終盤になるといくぶん傾斜が緩み、いずれ滑降コースと合流する。合流点からもうひと登りで泉ケ岳山頂だ。

岡沼から先は泉ケ岳屈指の急坂が待ち受ける

カモシカコース

❶泉ケ岳大駐車場からスキー場へ進む

▼

❷スキー場内を登る

▼

❸スキー場を登りきったらカモシカコースの矢印に従って進む

▼

❹岡沼を過ぎてからお別れ峠への分岐を右折し急坂を登る

▼

❺急坂をしばらく登ると滑降コースと合流する

▼

❻泉ケ岳山頂

滑降コース

❶オーエンス泉岳ふれあい館前の舗装路を進む

▼

❷滑降コース入口を右折する

▼

❸滑降コースのゲートを越える

▼

❹お別れ峠の標識を少し進んだ先に滑降コースは続いている

▼

❺お別れ峠を過ぎ、見返平を進む

▼

❻大壁を登った先でカモシカコースと合流する

▼

❼泉ケ岳山頂

水神コース

❶オーエンス泉岳ふれあい館前の舗装路を進む

▼

❷舗装路が終わると水神コース入口がある

▼

❸水神平を進む

▼

❹水神の碑前を進む

▼

❺さいの河原までは樹林帯を登る

▼

❻泉ケ岳山頂

表コース

❶看板のある表コース入口

▼

❷薬師水で沢を渡る

▼

❸胎内くぐりは迂回路もある

▼

❹胎内くぐりの先は岩に刻まれた矢印に従って進む

▼

❺ドーダン林を通過する

▼

❻山頂手前にある薬師如来を安置する御堂

▼

❼泉ケ岳山頂

泉ケ岳山頂より北へ進んだ場所にある展望地

北泉ケ岳東麓にある桑沼

表コース登山口近くにあるおいしい湧き水

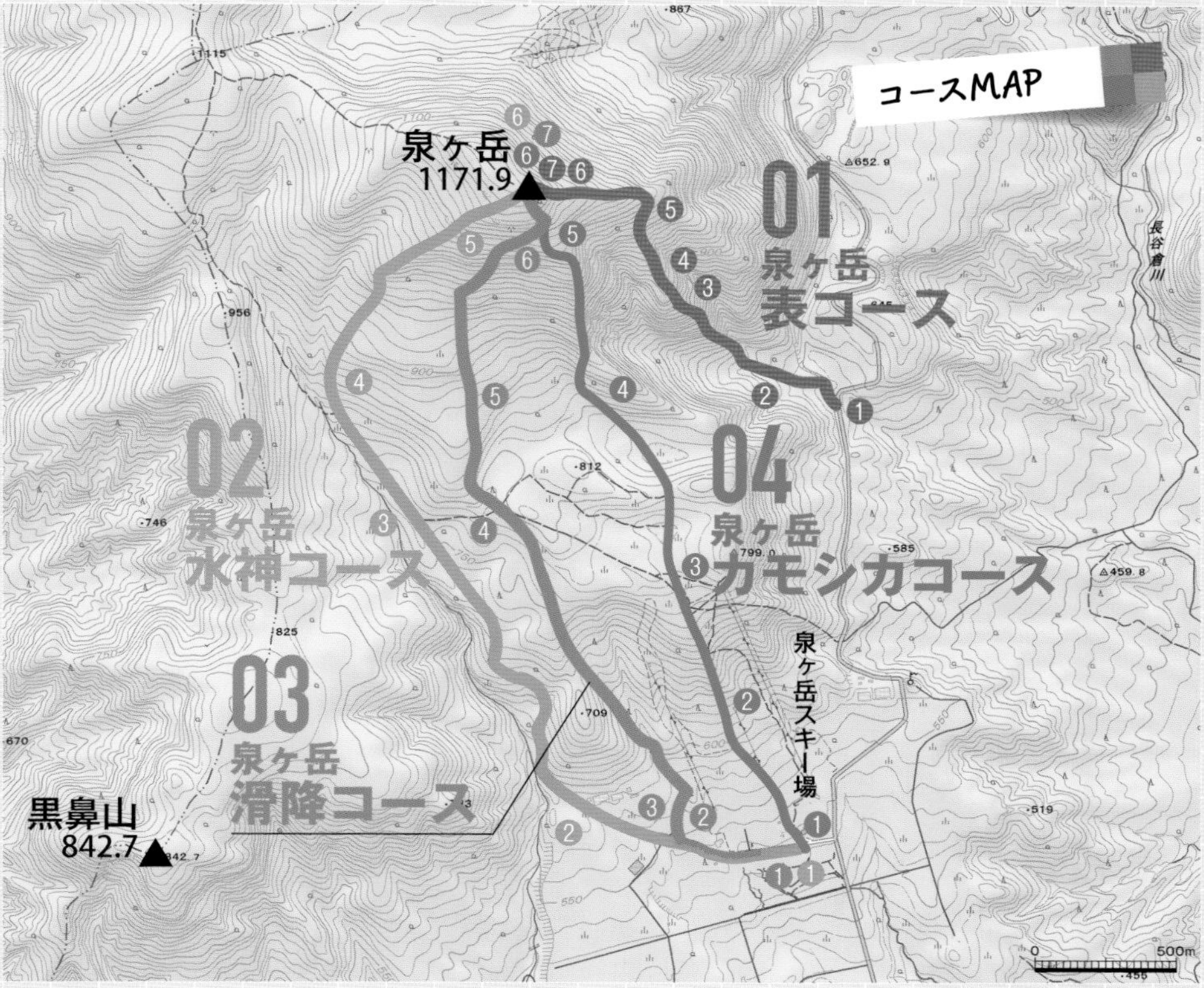

泉《いずみ》ヶ《が》岳《たけ》～船《ふな》形《がた》山《やま》（長《なが》倉《くら》尾《お》根《ね》）

◎登　山　口　水神コース入口
◎参考タイム　水神コース入口～大滝キャンプ場
片道▼7時間

綿密な計画と準備ができて初めて挑戦できる泉ヶ岳・船形山の最長ルート

三叉路（さんさろ）から北泉ケ岳へ。まだまだ序盤だ

宮城県北部に広がる大崎平野からは、泉ヶ岳、北泉ヶ岳、三峰山、蛇ヶ岳、船形山の長く続く美しい連なりを仰ぎ見ることができる。この長大な連なりを大縦走することができる登山道がある。北泉ヶ岳から続く尾根の名前から長倉尾根と呼ばれるコースで、誰でも挑めるような易しい道のりではない。

泉ヶ岳の大駐車場を出発し、北泉ヶ岳を経て船形山頂までは片道約14キロ、標高差約１５００メートル、歩行時間は登りだけでも7時間（休憩を除く）を必要とする。途中に水場も避難小屋もないため、体力、気力、経験、装備が必要なことはもちろん、入念な計画に基づいて挑まなければ踏破は難しい。

長く続く樹林帯の登山道であり、一部道が不明瞭な箇所もあるため、地形図、コンパスはもちろん、スマートフォンの地図アプリなどを駆使する必要がある。必要な食料や飲料水はそれなりの重量になり、万が一に備え、山中で一夜を明かせるエマージェンシーキット（緊急時の道具一式）も用意したい。

初夏から秋にかけてが適期と言えるが、初夏は残雪により道が不明瞭になる箇所や雪渓があったり、夏は

泉ケ岳、北泉ケ岳から続く長大な長倉尾根

樹林帯での熱中症と飲料水の枯渇、秋は日照時間の短さなど、季節ごとに課題がある。特に近年はこの山域においてクマ、イノシシの目撃情報が多く、遭遇率が高くなっている。早朝や夕暮れ時はもちろん、明るい時間帯も注意を要する。夜間行動は大変危険な山域なので厳に慎みたい。

ここでは自家用車2台を使用して登山口を泉ケ岳大駐車場と下山口を大滝キャンプ場にし、縦走距離と時間の短縮、途中エスケープが可能な行程を紹介する。

二つの登山口はそれなりに距離が離れていることや、速度を出しにくい荒れた林道を使うため2日を要する内容となっている。林道のみの往復に2時間を要するため登山当日ではなく前日

長倉尾根は船形連峰そのものといえる

錦繍（きんしゅう）に染まる蛇ケ岳から船形山への縦走路

に移動を済ませておきたい。泉ケ岳大駐車場には泉ケ岳キャンプ場がある。前日をキャンプで過ごし、高まる気持ちを胸に夜を明かしたい。

泉ケ岳大駐車場を出発し、水神コースを進みながら北泉ケ岳山頂を目指す。その後は三峰山頂付近までこれといった展望もない長い樹林帯歩きとなる。蛇ケ岳手前に升沢コースからの合流点があり、エスケープルートとして使用でき、大滝キャンプ場に100分程度で下山することができる。

蛇ケ岳頂上付近にある湿原に心が和む

千畳敷手前にも升沢コースからの合流点がある。これもエスケープルートとして使用可能で、30分ほど下山すると升沢避難小屋にたどり着く。初夏は大規模な雪渓が残るため、エスケープルートとして使用する場合は軽アイゼンを携行し、雪渓での道迷いにも十分注意したい。

無事船形山頂にたどり着けたら、大滝キャンプ場を

船形連峰の春は遅い

長大な道のりの果てにたどり着く船形山

目指して下山する。登頂した時と下山後の達成感は、他のコースでは味わえない充実したものとなるだろう。

エスケープルートについては、天候の悪化、予定時刻を過ぎている、体調に不安があるなど少しでも不安要素がある時には、登頂を諦めて積極的に利用するよう心得たい。再挑戦の機会は必ず訪れる。

大縦走にあたり、一般的な登山装備の他に以下の装備を推奨する。

● ビバーク装備（ツェルト、エマージェンシーシート、サバイバルブランケット）
● ヘッドライト（300ルーメンクラスの非常に明るいもの）
● 糖質エネルギー（おにぎりやパンだけでなく、エナジージェルを）

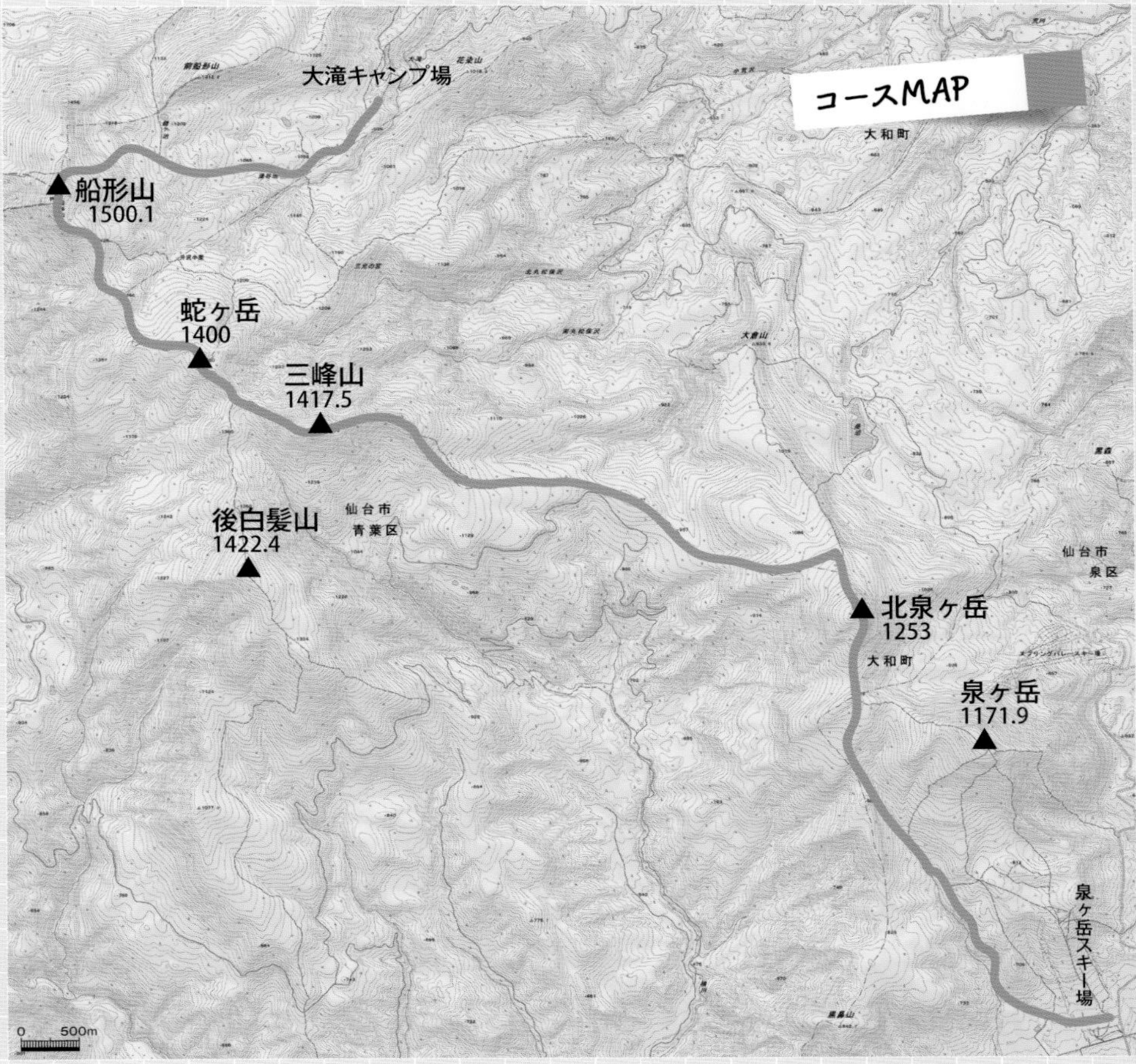

仙《せん》台《だい》泉《いずみ》ケ《が》岳《たけ》トレイルラン

トレイルランナーだけでなく ハイカーにもお勧めのコース

協力／仙台泉ケ岳トレイルラン実行委員会

東北地方随一の人気を誇り、泉ケ岳を舞台に行われるトレイルランニング大会は、1995年に開催された「泉ケ岳スポーツフェスティバル」に起源をもつ。

当初は、クロスカントリーランニングやマウンテンバイクによるレースが行われていた。2003年から山岳マラソンを開始。2009年からはプロトレイルランナー石川弘樹さんを大会プロデューサーに招き、トレイルランニングを開始した。2014年から大会名を現在の「仙台泉ケ岳トレイルラン」へ変更し、参加者は1000人を超えるようになった。多くの愛好者、競技者に愛され、親しまれる大会運営を続けている。

コースに使われている登山道の刈り払い、維持整備を大会実行委員会が担っている。大会の継続は、安心安全な登山道維持に大きく貢献しており、ハイカーにとっても有益な大会であると言える。レース後には登山道修復作業も行われる。大会を重ねるごとにランナーとハイカーがお互いを尊重しあうようになり、ランナーとハイカーが共存する理想的な環境として全国的に知られているのも、特筆すべき点だ。

本書では、2020年大会で使用された12キロと17キロコースを紹介する。

12キロ、17キロコースともにスタート、ゴール地点がスプリングバレー仙台泉スキー場となる。まずは桑沼登山口までの約4キロの林道がコースとなるが、ハイカーはこの林道を自家用車等で移動して「桑沼登山口」の駐車場に止めるとよいだろう。

「桑沼登山口」から桑沼を左手に見るように林道を進むと、左手に「大倉山登山口」がある。直進すると遠回りとなるので、標識に注意してほしい。

ジグザクに続く急坂を登り切ると分岐点があり、大倉山と北泉ケ岳とをつなぐ大倉尾根となる。左折して「北泉ケ岳」を目指す。船形連峰らしい、ブナを中心とした広葉樹林を進む。途

レース終盤の大展望

大会プロデューサーの石川弘樹さん

中、桑沼を見下ろすことができる展望地がある。しばし足を止めて、神秘的な景観を眺めたい。

　長倉尾根との分岐を左折すると「北泉ヶ岳山頂」だ。大倉尾根に比べて斜度が増す区間なので、急登に感じることだろう。展望のない北泉ヶ岳山頂を後にすると、やはり急坂の下りとなる。段差が大きかったり、岩と泥濘《でいねい》（ぬかるみ）で滑りやすい箇所もあるので、慎重に歩を進めたい。足元ばかりに注意がいきがちになるが、雄大な森林帯の景色もこのコースの見どころのひとつである。

　「三叉路《さんさろ》」と呼ばれる分岐点が12キロコースと17キロコースの分岐となっている。12キロコースは左折して「熊笹平」へ向かい、17キロコースは直進して「水神平」を目指して下る。途中ヒザ川を渡る箇所があり、深い時はくるぶしくらいまでの水深がある。トレイルランナーは濡《ぬ》れるのを覚悟したい。

17キロコースはそのまま「お別れ峠」まで下り、「カモシカコース」を進む。カモシカコースの急登は大会屈指の斜度で、多くのランナーにとって苦しい区間となっている。急登の先に「泉ケ岳山頂」があり、北泉ケ岳とあわせて二つのピークを踏むコースとなっている。コースは山頂を北進する。船形山頂が見える本コース随一の展望地を過ぎ、樹林帯の緩傾斜を下ると12キロコースとの合流点となる。右折（12キロコースの場合は左折）してスプリングバレー仙台泉スキー場までのダウンヒルコースが続いている。

ここからの下りは大会随一の難所に数えられ、泥濘の急斜面となってる。転ばずに走り切るには、相応のテクニックが求められる。ハイカーは無理をせず、熊笹平から桑沼登山口へ下るルートを選択してもよいだろう。

スプリングバレー仙台泉スキー場のゲレンデ内は、通行可能な場所に規制のロープが張られているので、指示に従って通行したい。特に迷いやすいポイントもなく、スキー場の施設棟まで来ればゴールだ。

なお、大会においては12キロコースの制限時間が3時間、17キロコースの制限時間が5時間となっており、早足くらいのペースであれば、制限時間内に完走可能な時間設定となっている。

一斉にスタートしゴールを目指すトレイルランナー

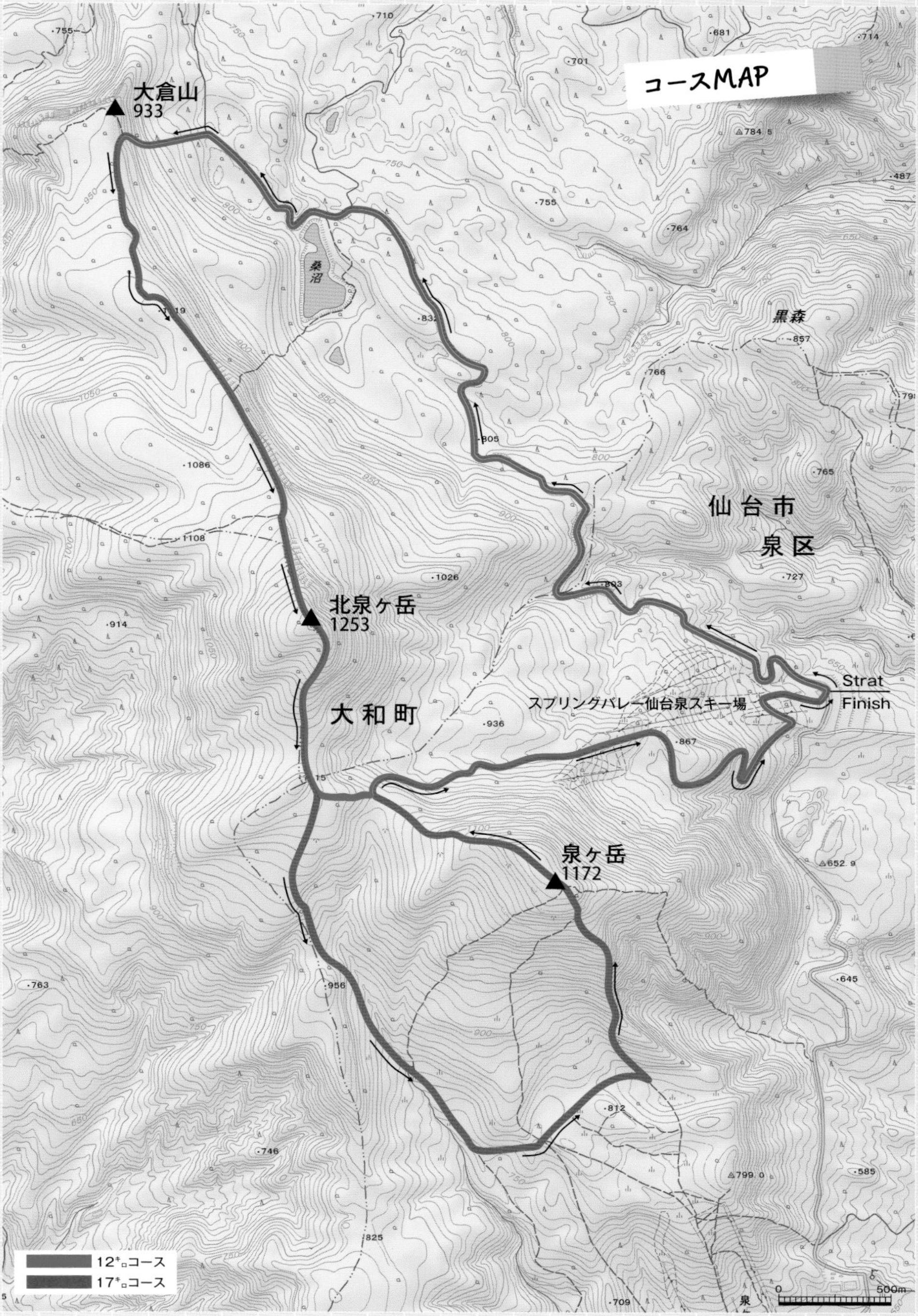
コースMAP
大倉山
933
桑沼
黒森
北泉ヶ岳
1253
仙台市
泉区
大和町
スプリングバレー仙台泉スキー場
Strat
Finish
泉ヶ岳
1172
12キロコース
17キロコース
0
500m

コラム

水と山と地名

筆者　太宰　幸子（宮城県地名研究会会長）

水神
SUIJIN

泉ケ岳の水神碑

水神さまは古くから私たちの身近な地、例えば湧水地や井戸の傍らなどに祀《まつ》られていた。龍や蛇も水に関わるとされ、龍神や蛇神にまつわる伝説も多く、水道が普及してくるとその栓を蛇口と呼ぶようになった。

水をつかさどる神様が、泉ケ岳登山道の途中に人の背丈ほどの高さと、彫りの深い明朝体の文字、どのようにしてここまで運ばれてきたかと驚愕《きょうがく》するほどの立派な石碑で祀られている。登山道を歩く人々に安心感と大きな力を与えているに違いない。

古来日本は瑞穂国と呼ばれ、人々は稲作を中心として暮らしてきた。エンジンなどの動力がなかった時代は長く、田んぼへ取水する道を工夫しては導き、渇くことのないようにと願い、一喜一憂しながら豊作を願った。

ところが水は天からのもらい物である。長雨や豪雨の年もあれば、冷夏や旱天《かんてん》（日照り）が続くこともある。自然は大きく、時には凶作や不作をもたらした。ことに日照りの続く年は大干ばつをもたらし、次には大洪水を伴うことが多く一粒も実らないこともある。インフラなど完備していようはずもなく、人々はひたすらお日さまと風や雲の様子をうかがった。

古記録に「文政四（１８２１）年七北田ダムの北上方にあった沼に５００名が集まり雨乞いをした。嘉永六（１８５３）年には沼平に３００名が集って雨乞いを行い、さらに明治四（１８７１）年には権現森で雨乞いが実施された」と記されている。しかしその効なく、嘉永6年には仙台藩内が大干ばつに見舞われ、山火事も発生し大凶作となった。

この石碑が建立された明治28（１８９５）年には、宮城郡中の各戸から一人ずつが参加して泉ケ岳で雨乞いが行われたという。大勢の人が参加し、鉦《かね》や太鼓を鳴らしながら大声で祈り願ったことであろう。

登山道水神コースに立つ水神碑は、泉嶽村の人々の願いを込め、麓の集落で文字を刻み、形を整えて、シュラという橇《そり》のような道具に乗せ、コロを利用して少しずつ移動させながら坂道をあげたという。どれほどの人力と協力が必要だったことか、その労苦は想像に難くない。

その水神碑の立つ近くを七北田川の源流とされるヒザ川が流れている。漢字では樋沢川とあるが、この川は途中から伏流水となり石だけが見られるようになる。これは「ピ・ナイ　石の・川や沢」というアイヌ語で解ける地名であろうと思われた。「ピナイ」と呼ばれていたのが、後世樋沢川と漢字をあてられた。その漢字を読むようになり、ヒザ川となったのであろう。七北田川には鼻毛橋が架かっている。これもアイヌ語で「パンケ　下流」と解ける。そこに橋が架けられ漢字があてられた。

ずっと古い時代から、泉ケ岳を神と崇《あが》め、清流を飲料とし、山や川の恵みを得ていた暮らしも見えてくる。水の神に願うことは、長い時間を経ても変わることはない。

升沢

MASUZAWA

船形山への道には、幾つかのコースがある。

その中で宮城県大和町升沢から入り、旗坂駐車場へ車を止めて登山道へと向かう道は、多くの人が利用し山頂をめざすようだ。船形山入口の表示板を確認し歩を進めると、季節の先取りのように木々が移ろいのさまを楽しませてくれ、晴れた日の空を見上げると小鳥や山の生き物になったような、ドキドキ・ワクワク感がつのってくる。

ブナの原生林からいただく木霊のエネルギーと、季節ごとに出会う変化とやさしい空気は煩わしい下界の日々を忘れ心洗われるようだ。

谷間を掻《か》い潜《くぐ》り流れる水の道を感じられる升沢は、その一帯に豊富な鉱物資源を包み、薪炭の原料や山の神からの恵みの多いエリアとして、古くから人々の暮らしを守り育んできた歴史がある。

コースの名前である升沢とは、マス組のような一定の区画を意味しているのかもしれない。それは幾つもの清流が組み合わさってできた、わずかな平地に名付けられた地名だったろうか。山の恵みの豊富な住みやすい土地であったのであろう。

古代から良質の砂鉄を産する地として知られていたようで、多賀城市山王の神と南宮の美しい女神の伝説が、たたら製鉄が盛んであったことを物語っている。武器や農具を必要としていた人々は、こぞって資源を求めてやってきたようで、たたらの痕跡を残す地も間近に多くあるようだ。

そこは山岳信仰のメッカでもあったようだ。現代も続く朝鮮半島ゆかりの金銅仏と関わる梵《ぼん》天《てん》ばやいの祭りは、豊作を願う地元の人々とすぐれた製鉄技術を持つ人々の精神性の証しでもあった。

美しい自然と水は、生き生きとした暮らしを育み、銀世界となる季節も、赤く彩る季節も受け入れ、おだやかで心癒やされる空間は、住む人々や登山者の明日への糧となってきた。

そんな升沢は、人が住めなくなってからどれほどの時間が経過したであろうか。隣接する陸上自衛隊王城寺原演習場が、1997年度から米軍の実弾射撃訓練を受け入れた。そのため騒音への補償として地区の人々の移転事業が行われ、2000年までに住民34世帯が麓の地区などの住人となった。住み慣れた地を離れることは、多くの犠牲と心の痛みが伴ったことであろう。

登山道を進むと、雪のためにしなったまま成長したブナの大木や、楓《かえで》のさやさやと揺れるようすが、爽やかな風とともに出迎えてくれる。すっくと立つブナの木を渡る風は、心まで沁《し》みるほど爽やかで明日への命をつないでくれるようだ。

course 05

升《ます》沢《ざわ》コース

船形連峰の主峰、船形山を目指す変化に富んだ道のり

難易度 ★★☆☆☆
体力度 ★★★☆☆

◎登山口　升沢コース登山口
◎参考タイム　升沢コース登山口～山頂
登り▼4時間20分
下り▼3時間40分

宮城県側の登山口から船形連峰の最高峰である船形山の山頂を目指す最もポピュラーなコースが升沢コースだ。宮城県大和町の旗坂野営場がその登山口となる。

升沢コースは、コース途中にある升沢避難小屋から先はしばらく沢の中を進むが、初夏まで大規模な雪渓が残る。特に雪渓の崩壊期には落差の大きな雪の裂け目が大変危険なので、注意が必要だ。また、増水時にもその危険性に注意を払わなくてはならない。技術的、

避難小屋が立つ船形山頂

風格漂う船形連峰最高峰

体力的、装備的に不安がある場合は、違うコースへの計画変更や升沢避難小屋で引き返すことも考えた方がよい。

登山口がある旗坂野営場までは大和町中心部から車で45分ほど。船形山の山頂が主目的となる登山口としては、唯一舗装路のみで登山口に行くことができる。

このコースでは登山口に30番の標識があり、高度を上げるごとに数字が減っていき、山頂が1番となっている。残雪期など、道が不明瞭になりやすい時期の大切な道標にもなっており、訪れる登山者の安全確保に役立っている。

登山道はよく整備されており、まずはコース上の小ピーク「三光の宮」まで緩やかなブナ林の道を進んでいく。深い森の中を歩くため眺望は期待できないが、静寂な森歩きを楽しめる。三光の宮はコースからほんの少し外れたところにある。長い樹林帯が中心の升沢コースの中で、展望が期待できる場所であり、ぜひ立ち寄りたい。この三光の宮付近が帰路に使う大滝キャンプ場からのコースとの合

秋、山頂より北側の景色を望む

流点となっており、三光の宮までの道のりが下山ルートとなる。

　三光の宮分岐を過ぎてしばらく歩くと、地元有志によって建てられた鳥居が見えてくる。落葉した季節から翌春に芽吹くまでの間、この鳥居越しに船形山頂を拝むことができる。

　蛇ケ岳分岐を過ぎると、升沢避難小屋が見えてくる。建物の左脇に登山道が続いており、流れのある沢の中をしばらく進む。6月下旬まではこの沢に雪渓がある前提で訪れたい。特に5月下旬ごろは大規模な雪渓が残り、目印を覆い隠すほどだ。斜度もかなりあるため、注意して訪れたい。気温上昇とともに雪渓が崩壊していくと、踏み抜きによる転落にも注意が必要だ。さら

三光の宮から紅葉を見下ろす

旗坂平で紅葉にまみれる

船形山頂から北へ伸びる尾根

に水蒸気が立ち込めると行く先を見失いやすい場所でもある。
　沢歩きも終盤になると、階段状の道が現れる。この階段を登り切ると初めて眺望が得られ、船形山頂方面や泉ケ岳方面がしっかりとした姿を現す。この辺りは千畳敷と呼ばれ、泉ケ岳から続く長倉尾根との合流点となっている。
　登山道はこれまでのブナ林とは打って変わり、両脇に灌木《かんぼく》が生い茂る2番の標識がある場所は、少し広くなっている。休憩をとりながら、これまで見えなかった黒伏山、柴倉山、白髪山など西側（山形県側）の山岳展望を楽しみたい。ここから山頂までは、船形山で最も多くの高山植物を観察できる道のりとなる。初夏から秋にかけて数多くの高山植物が咲く。その花園は、長かった樹林帯歩きの苦労をいっぺんに吹き飛ばすほど、美しく広がっている。
　観音寺コースとの合流点を過ぎると、山頂避難小屋が立つ船形山頂だ。栗駒山、蔵王連峰の近隣の山並みはもとより、条件がよければ鳥海山、月山、朝日連峰を

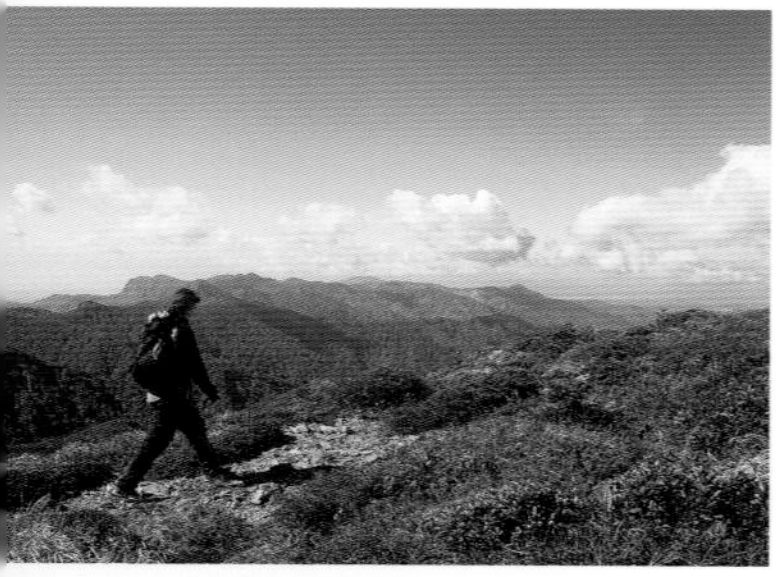

大展望の尾根歩き

美しい新緑のブナ林

大滝キャンプ場から鈴沼に寄り道をする

御来光岩に登り周囲を眺める

春、山頂から月山と鳥海山を望む

落葉の森を歩き大滝キャンプ場へ

望むことができる。

下山は大滝キャンプ場へと続く小栗山コースを歩く。山頂から北へ続く道を行くと、御来光岩がある。西側に続く山形県尾花沢市のクラビコースへ誤って下りないよう気を付けたい。序盤は岩がある歩きにくい急坂だが、夕日沢コースとの分岐点を過ぎる頃には、緩やかな登山道になっている。この付近も5月下旬は残雪により道が隠れていることがあるので、注意して歩きたい。

大滝キャンプ場の少し手前に分岐点があり、右折すると三光の宮へと続く登山道だ。分岐点を進みほどなくして現れる沢を渡るポイント以外は、樹林帯のコースとなっている。三光の宮分岐を左折し、往路を戻ると、出発地点の旗坂野営場だ。

時間と天気に余裕があれば、大滝キャンプ場からサブルートで鈴沼に立ち寄りたい。前船形山の山容と美しい湖沼を前に静かな時間を過ごせる。

コースPHOTO

①旗坂野営場の駐車場から歩き始める

②駐車場から少し進むと登山口30番の標識がある

③なだらかな旗坂平を進む

④三光の宮分岐を山頂方面へ進むとすぐに大滝との分岐がある

⑤蛇ケ岳分岐手前にある鳥居

⑥蛇ケ岳分岐を右へ進む(左に進むと蛇ケ岳)

⑦升沢避難小屋の奥に登山道が続いている

⑧登山道は升沢の流れに沿って続いている

⑨6月下旬までは升沢の雪渓に十分注意したい

⑩千畳敷分岐を右に進む

⑪升沢・観音寺コース分岐を右に進む

⑫明るく開けた船形山頂

⑬船形山頂からは小栗山コースへ進む

⑭小野田コース分岐を右に進む

⑮湯谷地を過ぎ分岐路を右折して三光の宮方面へ

⑯沢を越えたら少し登り返して三光の宮へ

コースMAP

course 06

観《かん》音《のん》寺《じ》コース

連峰の西側から登る最高峰御所山へのメインルート

難易度 ★★☆☆☆
体力度 ★★☆☆☆

◉登山口　観音寺コース登山口
◉参考タイム　観音寺コース登山口～山頂
登り▼3時間
下り▼2時間30分

船形連峰の西側山麓（山形県）では、多くの人が船形連峰の最高峰を御所山《ごしょざん》と呼んでいる。その御所山へのメインルートとなっているのが、山形県東根市に登山口がある観音寺コースだ。黒伏高原にあるスキー場ジャングルジャングルから先に続く未舗装の柳沢林道を進むと、柳沢小屋、観音寺コース登山口へと行くことができる。登山口は、観音寺コースだけでなく、白髪山や柴倉山への登山口としても利用されている。

コース途中にある仙交小

屋跡分岐まではトラバース箇所を幾つか通る道となっているが、危険箇所は少なく、道もよく整備されている。雪深い山域でもあるため、5月下旬までは残雪があるものと心得たい。

白髪山や柴倉山への分岐点となっている粟畑までは、緩かやな道を進む。初夏はサンカヨウやシラネアオイが咲き、二次林ではあ

見る者を圧倒する船形連峰の連なり

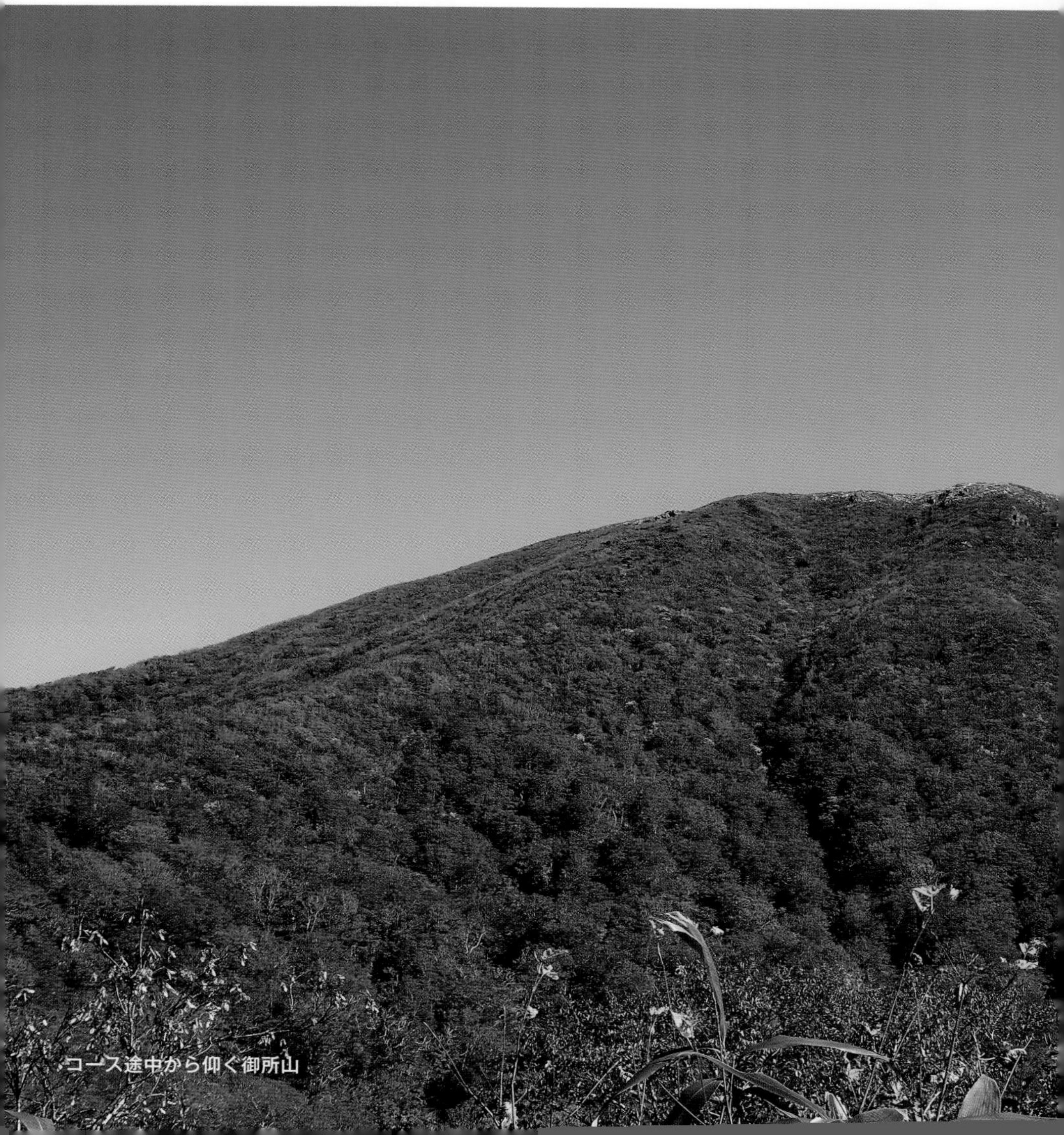

コース途中から仰ぐ御所山

豊かなブナの森が広がる

コース序盤の見どころとなる仙台カゴ

るが、美しいブナ林の中を歩くことができる。特にこのブナの二次林は均整の取れた木が多く、新緑や紅葉の頃は見事な景観となる。

栗畑を過ぎると仙台カゴを巻くように登山道が続き、次第に高度を下げていく。幾つかトラバースする箇所があるが、ロープが張られるなど対策がとられているので、安心して通行できる。途中、木々の間から仙台カゴの特異な山容を眺めることができる。

景色が原生林に変わってくると、仙交小屋跡分岐がある。現在は分岐点ではなく、通過点となっている。この付近に水場の標識があるが、飲み水としては期待しないほうがいい。仙交小屋跡分岐からは傾斜のきつい登山道を登っていく。

鋭鋒仙台カゴから御所山へ続く観音寺コースの全容

いったん緩やかになった辺りでは、御所山の山頂が雄大な姿を現してくれるが、展望らしい展望はこの時点ではまだ期待できない。

　また急な登りが続き、いずれ灌《かん》木《ぼく》がトンネル状に覆いかぶさっている急坂にたどり着く。小さいながらも落石を起こしやすい。ま

緑のトンネルがどこまでも続く

た、登り下りの擦れ違いができない場所なので、十分に注意して譲り合い、お互いが安全に通行できるように努めたい。大きなバックパックを背負っていると大変歩きにくいのでお勧めしない。

この急坂を登り切ると一気に視界が開ける。これまで見えなかった黒伏山や柴倉山、最上カゴなどの御所山前衛峰がその勇姿を現す。この時点で、山頂からの景観にひけをとらないほどの展望が得られる。

灌木と岩が点在する道を登ると、宮城県側から続いている登山道と合流する。山頂避難小屋の脇を抜け、御所山山頂へとたどり着く。

頂稜にのる

山頂が近づくとは岩が点在する道となる

頂稜からは黒伏山や柴倉山を見渡せる

コースPHOTO

黄色に光るブナの森を進む

❶観音寺コース登山口

❷「山の王」と名付けられたブナ

❸歩きやすいブナの二次林を進む

❹粟畑の十字路を直進する

❺粟畑を過ぎると大きく下る箇所がある

❻仙交小屋跡分岐を直進する

❼御所山の山頂が見える場所がある

❽山頂直下の溝状の急坂（ロープ付き）は落石、転倒に注意

❾避難小屋の立つ山頂へ進む

コースMAP

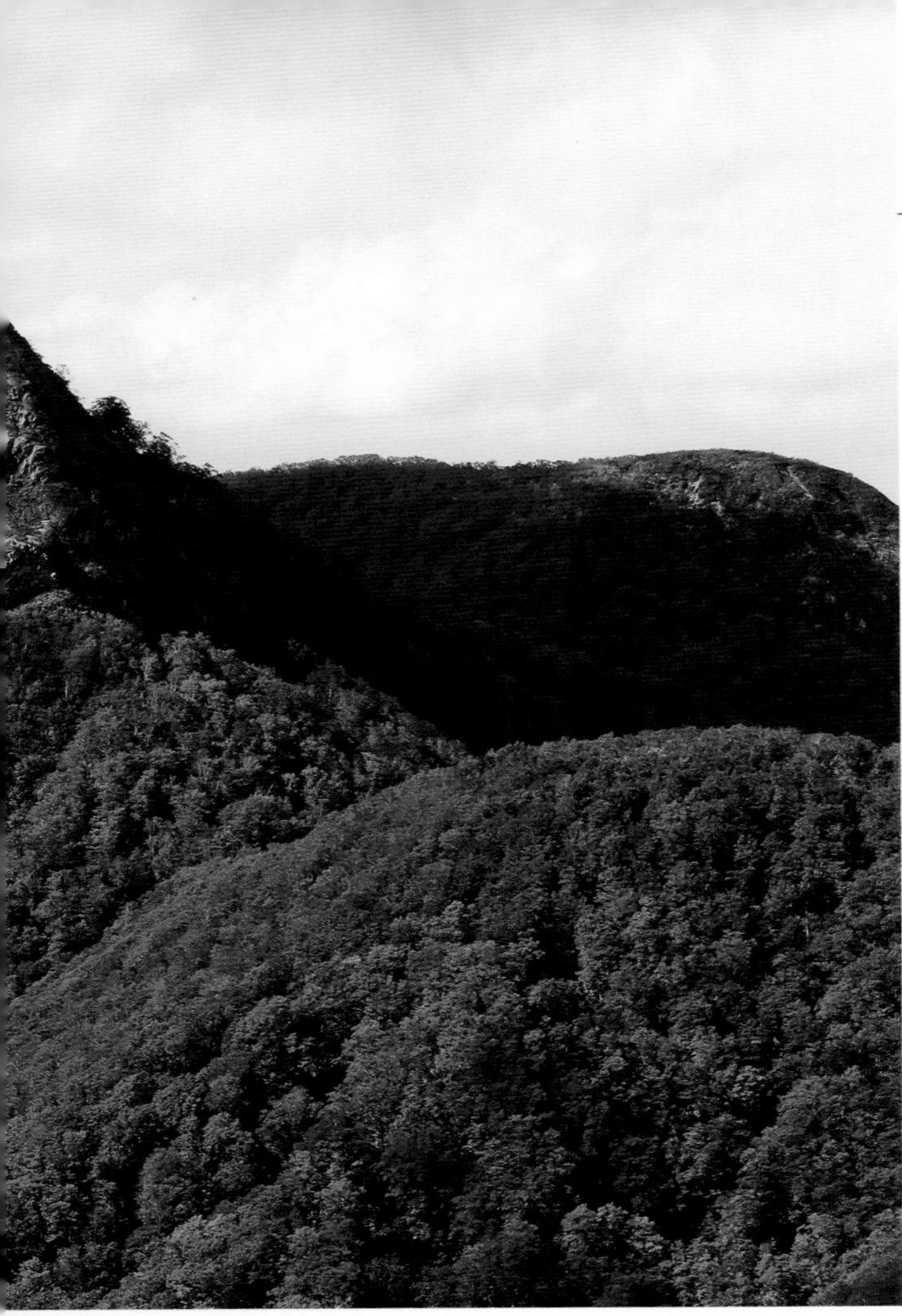

course 07

柴《しば》倉《くら》山《やま》

「南御所山縦走コース」の一角 展望抜群の尾根を歩く

難易度 ★★★☆☆
体力度 ★★☆☆☆

◉登山口　柴倉、太平伏コース登山口
◉参考タイム　柴倉、太平伏コース登山口～栗畑
登り▼4時間40分
下り▼1時間40分

黒伏山、白森、銭山、福禄山、柴倉山、毘沙門山、弁天山、最上カゴと続く尾根道には、1971（昭和46）年に整備された「南御所山縦走コース」という名称がある。全部踏破するのは困難なので、柴倉山を中心とした中間点からの縦走路を紹介する。

山形県東根市のスキー場ジャングルジャングルの駐車場から登山口へと向かう。スキー場とは反対側に村山野川に下りる林道があり、川には仮設橋が取り付けられている。この仮設橋

均整のとれた柴倉山の山容

を渡って左方向が黒伏山方面への登山道であり、本コースはいったん沢に下り、その沢を渡った先に柴倉コースの標識で登山道が続いている。

コース序盤からかなりの急坂が続く尾根歩きを強いられる。傾斜が緩やかな場所もあるので休みながら進みたい。柴倉山と福禄山の分岐点となる鞍部《あんぶ》にたどり着いたら進路を右手、御所山方面にとり縦走路へと入る。

柴倉山は山頂への道が藪《やぶ》に覆われているため山頂へは行けず、北側の斜面を横切るようにコースが続いている。足場が悪い箇所もあるので、そのような場所では慎重に歩を進めたい。

コース上では、最上カゴの手前に姥《うば》地蔵が安置されて

仙台カゴが近く見えると粟畑は近い

いる分岐点がある。南側には柳沢小屋方面に向かうウバコースがあるが、途中から道が大変不明瞭になっており、足場も悪いため立ち入らないようにしたい。また、かつては北側に下って大沢小屋へと続くルートもあったが、現在は廃道となっている。

縦走路は、進行方向に船形連峰の主要ピークはもちろん、月山、鳥海山、蔵王連峰と雄大な山岳景観を楽しむことができる。船形連峰と言うと豊かな森林をイメージするが、こうした優れた眺望の尾根歩きもできる。

それぞれのピークに山名を示す標柱などはないが、道はよく整備されていて歩きやすい。縦走路の終点粟畑は御所山、白髪山の分岐点にもなっている。ここでは観音寺コース登山口を目指して右折する。ブナの二次林を過ぎ、観音寺コース登山口まで来ると、残りは林道歩きとなる。途中、柳沢小屋の脇を通り、柴倉山が見えてくると舗装路となり、スキー場の駐車場へと戻ってくる。長時間に及ぶ縦走のため、日没時刻を考慮して柳沢小屋前の林道歩きを下山に使いたい。

振り返ると黒伏山、白森の連なりと月山が見える

コースPHOTO

雄大な山並みを歩く

❶「P4」駐車スペース近くに林道入り口がある

❷仮設橋を渡った先に登山道が続いている

❸小さな沢を渡り尾根に取り付く

❹鞍部にある柴倉コース分岐を右に進む

❺柴倉山頂への道はなく北側に迂回路がある

❻柴倉山の北斜面を横切る

❼姥地蔵の分岐を直進する

❽粟畑の十字路を右折して観音寺コース登山口へ進む

❾観音寺コースと同じ登山口からは林道歩きとなる

❿柳沢小屋を通り過ぎ出発地点に戻る

コースMAP

course 08

白《しら》髪《ひげ》山《やま》

船形連峰を手軽に満喫できる初級コース

難易度 ★★☆☆☆

体力度 ★★☆☆☆

◉登山口　観音寺コース登山口

◉参考タイム　観音寺コース登山口～山頂
登り▼1時間10分
下り▼55分

白髪山と書いて「しらひげやま」と読む。表記についても、読みについてもその詳しいいきさつは不明だ。同じ船形連峰の一座に、白髪山より標高が高い後《うしろ》白《しら》髪《ひげ》山《やま》がある。このことから船形連峰の西側地域でつけられた山名ではないかと推測される。

御所山の観音寺コースと同じく、山形県東根市の黒伏高原にあるスキー場ジャングルジャングルから先に続く柳沢林道の終点に登山口がある。道幅が狭い林道なので対向車や道路脇の植

船形連峰の中でも特に柔らかな印象をもつ山容だ

生に注意しながら運転してほしい。登山口から中腹の栗畑までの区間は観音寺コースと全く同じ道をたどるので、観音寺コースの下見を兼ねて歩くのもよいだろう。

観音寺コースを小一時間登ると栗畑と呼ばれる十字路がある。十字路を右手（南）に折れると、白髪山へ向かう登山道がある。少

船形連峰の主稜と仙台カゴの展望

しばかりの樹林帯歩きを抜けると、仙台カゴと御所山が見える開けた登山道となる。この周辺は、6月中旬になるとサラサドウダンやアカモノなどが咲き、周囲の山々の青々とした景色とともに見事な景観となる。

登山道が小さな鞍部《あんぶ》を通過する手前に、最上カゴ、柴倉山、黒伏山などを見渡せる展望地がある。休憩に最適な場所で、しばらく足を止めていたくなるほどの眺望が得られる。

ササ原の登山道を登りきると、白髪山頂まではあまり展望のない樹林帯歩きとなる。白髪山頂からは黒伏山など西側の展望のほか、宮城、山形両県にまたがる蔵王連峰、二口山塊の展望も得られる。あまり広い場所ではないので、休憩は前述の小さな鞍部周辺をお勧めする。

帰路は同じ道をたどる。登りでは御所山を背に歩いてきたが、帰路は御所山を中心とした船形連峰主稜《しゅりょう》と仙台カゴの大展望を満喫しながら歩くことができる。

なお、粟畑の十字路では誤った方向に行かないよう注意したい。白髪山から下ってきて左折すると登山口へ戻ることができる。

船形連峰らしいブナ林の美しさ

最上カゴ、柴倉山、黒伏山が連なる

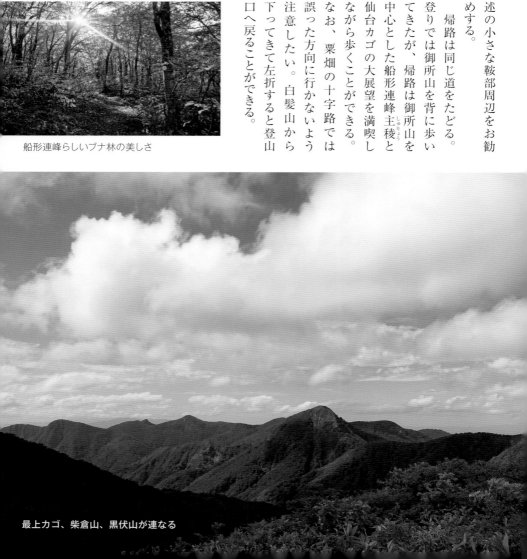

おだやかな山容をした白髪山

休憩に最適な展望地

コースPHOTO

❻西側が開けた白髪山頂

❹灌木（かんぼく）やササが生い茂る尾根を進む

❺山頂まで400㍍の標識を過ぎる

❷粟畑手前にあるブナの二次林を歩く

❸粟畑の十字路を右折する

❶観音寺コースと同じ登山口を出発する

コースMAP

course 09

七《なな》ツ森《もり》縦《じゅう》走《そう》

里山の文化と歴史を感じながら歩く縦走コース

難易度 ★★☆☆☆
体力度 ★★☆☆☆

◉登山口　信楽寺跡登山口
◉参考タイム　信楽寺跡登山口～玉乃池公園
登り▼6時間30分

現在の七ツ森と言えば、最高峰笹倉山を含めた松倉山、撫倉《なでくら》山、大倉山、蜂倉山、鎌倉山、遂倉《とがくら》山の七座を指す。これら七つの頂には、薬師如来が祀《まつ》られており、七体の薬師如来を一日で巡拝することを七薬師掛けと呼ぶ。元々はたがら森を含めた七座を七ツ森と呼んでいたが、笹倉山に七体の薬師如来を合祀《ごうし》したことから、たがら森が外れて笹倉山を含めた総称を七ツ森、七薬師掛けと呼ぶようになった。

本書では、笹倉山ではな

それぞれの山頂に山名板があり、薬師如来像が安置されている

全ての登山道は明瞭で歩きやすい

七座ともに急坂が多い

く、たがら森を含めた元々の七ツ森を縦走するコースを紹介する。現在、たがら森は薬師如来ではなく文殊菩薩《ぼさつ》を祀っている。

信楽寺跡を起点にして七ツ森湖側にある玉乃池公園までの通り抜けで七座を巡るコース。信楽寺跡に戻るには七ツ森湖畔の舗装路を使うルートと、七ツ森遊歩道を使うルート、もしくは自家用車2台を使用するのが現実的だ。

①松倉山②撫倉山③大倉山④蜂倉山⑤鎌倉山⑥遂倉山⑦たがら森―の順路で巡ると「一筆書き」で踏破することができる。コース中に七薬師掛けの標識が幾つかあるが、分岐点によってはないこともあるので注意が必要だ。

登山口を出発すると「七

鎌倉森にある巨大な石碑

分岐点では道を間違えないよう注意したい

分岐点には七薬師掛コースの案内板がある

七ツ森は麓に暮らす人々にとって身近な存在だ

薬師掛け」の標識があり、それに従い右折すると一座の松倉山へと登山道が続く。松倉山に限らず、七ツ森の登山道は大変な急坂ばかりであり、はやる気持ちを抑えながら登るよう心がけたい。

松倉山を過ぎ、撫倉山との鞍部《あんぶ》まで来ると初めて、分岐らしい分岐に出る。左折してしばらく進むとまた分岐があり、つづら折りに登っていくと撫倉山の山頂だ。七ツ森の中でも随一の展望を誇る。ひとまずはここでゆっくりと休憩をとりたい。

撫倉山の下りは、梯子《はしご》、細尾根、岩場の急斜面、ザレた急斜面と続くので、トレッキングポールは、いったん畳んでしまっておくとよいだろう。

ザレた斜面を下り切ると大倉山との鞍部となっている十字路に出る。そのまま直進すると大倉山の山頂だ。山頂からはいったん戻り、西に続く登山道を下りる。現地では十字路付近とを往復するよう案内があるが、好みでどらちを行っても構わない。

蜂倉山との鞍部にも分岐点がある。左に登っていくと蜂倉山だ。岩場を横切る区間があるので、悪天候時や氷結などしていると大変危険な箇所だ。標高の低い里山と侮らずに登りたい。

続いては鎌倉山を目指す。蜂倉山を下り切ると丁字路に出る。案内板は乏しいが、左折して小さな沢を渡る。その先に「キツネノカミソリ広場」がある。その名の通り、キツネノカミソリという花が盛夏にたくさん咲く。暑い盛りに七ツ森を訪れる人は少ないが、一度は開花期に訪れてみてほしい。

鎌倉山の山頂から北へ下り遂倉山へ向かう。山頂には鉄の櫓《やぐら》があるが、老朽化による破損が懸念されるため、安易に登らない方が賢明だ。登っても展望は乏しい。

いよいよ最後のたがら森へ向かう。遂倉山の北西に登山道があり、たがら森との鞍部を経て、たがら森へと続いている。途中、案内表示もある。本コース最後の山頂たがら森には、薬師如来ではなく、文殊菩薩が安置されている。

たがら森の北西に続く登山道を下り、玉乃池公園を目指す。途中ガレ場を下るため、落石や転倒、滑落に注意したい。特に疲労がたまっている頃なので、十分気を付けたい。

玉乃池公園手前まで来ると、イノシシ対策のゲートがある。ゲート通過後の戸締まりを確実に済ませ、車道を南川ダム（七ツ森湖）へ向かって進む。その後は前述の通り、登山道もしくは舗装路を使って信楽寺跡地の出発点に戻る。

コースPHOTO

❶信楽寺跡を出発し、松倉山を目指す

❷足場の悪い松倉山の登りは落石に注意

❸撫倉山への分岐の先にもう一つ分岐がある

❹撫倉山頂を過ぎると梯子がある

❺撫倉山と大倉山の鞍部にある十字路を直進する

❻蜂倉山のトラバース斜面に注意

❼蜂倉山から鎌倉山へは南川湖畔方面へ進む

❽キツネノカミソリ広場手前で小さな沢を渡る

❾鎌倉山から下山したら遂倉山入口の標識を進む

❿たがら森の下山時のガレ場に注意

⓫たがら森側にもイノシシ対策の柵がある

⓬一部車道を使いながら七ツ森湖畔から信楽寺跡へ戻る

コースMAP

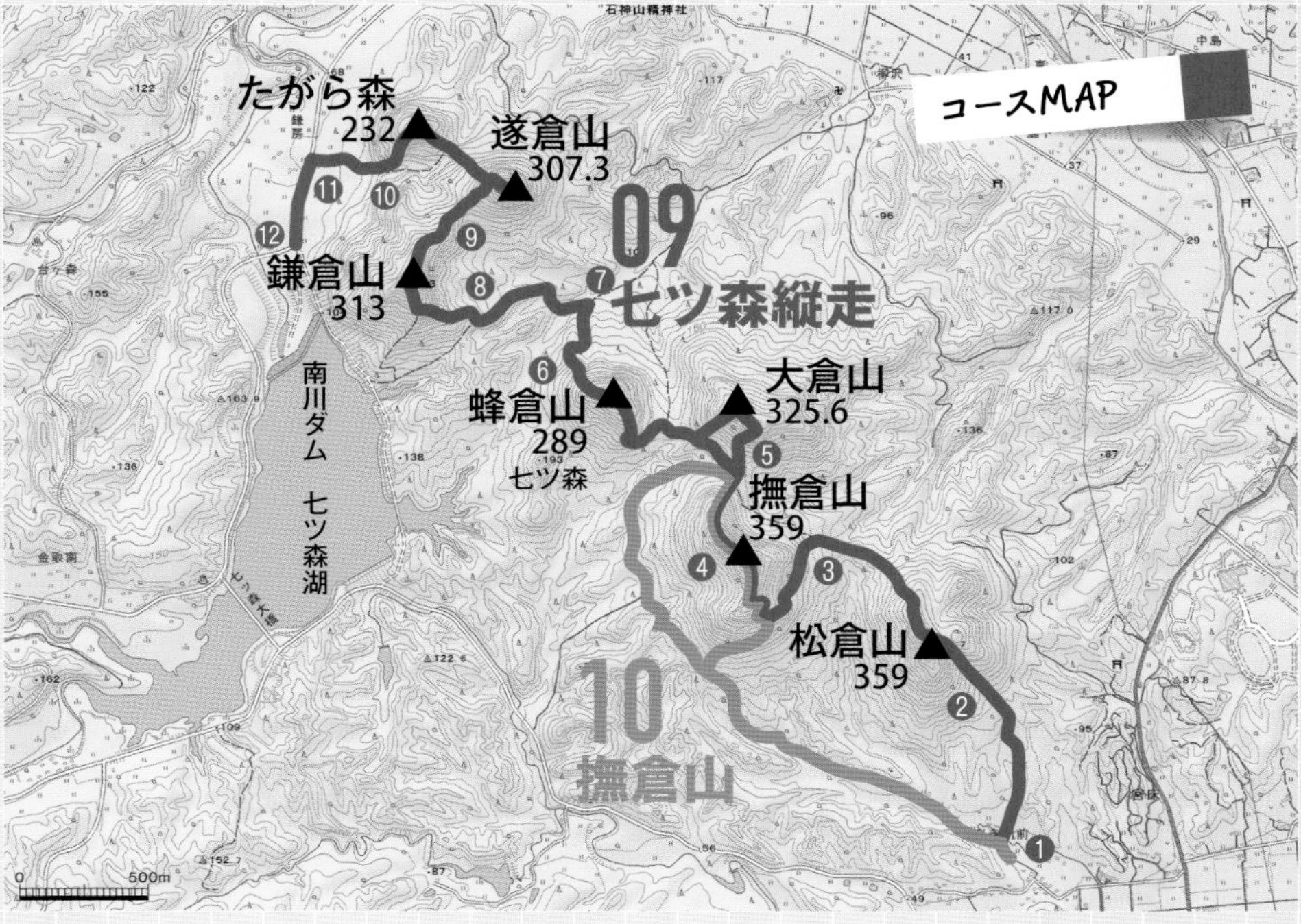

course 10

撫《なで》倉《くら》山《やま》

大展望は七ツ森の白眉
スクランブリングも楽しめる里山

難易度 ★★☆☆☆
体力度 ★★☆☆☆

◉登山口 信楽寺跡登山口
◉参考タイム 信楽寺跡登山口～山頂 登り▼1時間 下り▼50分

七ツ森は船形連峰の東麓にある里山の総称で、宮城県内の里山でもひときわ高い人気を持つ。その名の通り七つの山が連なる七ツ森は、広義には船形連峰の一部として認識されている。

松倉山、撫倉山、大倉山、蜂倉山、遂倉《とがくら》山、鎌倉山の六座に、古くはたがら森を含めた七座を七ツ森と呼んだ。現在はたがら森を除き、少し離れた場所にある笹倉山を加えた七座を総称して七ツ森と呼んでいる。この七座全てを一日で登頂することを七薬師掛け

天狗の相撲取り場から船形連峰を望む

と呼び、無病息災の御利益があるという。

本書では、七ツ森のピーク（山頂）としては唯一といっていい満足度の高い眺望が得られる撫倉山を周回するコースを紹介する。

宮城県大和町宮床地区にある信楽寺跡が登山口になっており、15台程度駐車可能なスペースとトイレがある。この駐車場から信楽寺跡ではなく、カフェに向かうと登山道が続いている。イノシシ避けの柵を通り抜けると、松倉山へ向かう登山道と七ツ森自然遊歩道へ向かう分岐点がある。直進してしばらく進むと、七ツ森遊歩道入口のゲートがある。

まずは七ツ森遊歩道を道なりに進む。しばらく進むと撫倉山の山頂へ向かう分

梯子の登り降りは三点支持が基本だ

イノシシ対策に設置されている柵の施錠は確実に行いたい

岐点「おどろき展望台」の前に出るが、ここは曲がらずに直進して梅ノ木展望台を目指す。梅ノ木展望台を過ぎ、杉林を抜けると、撫倉山と大倉山の鞍部《あんぶ》にあたる十字路に着く。ここまでは緩かやなアップダウンの歩きやすい道だ。

　十字路を右折すると、途端に急坂になる。七ツ森はどのピークに登っても、急坂は避けられないが、撫倉山北面のこの急坂は、ザレた道になっており、下りよりは登りのほうが安心して歩くことができる。ザレている箇所は設置されたロープを頼りに、慎重に登りたい。いずれジグザグの道になり、幾分歩きやすくなるが、次に待っているのは岩をよじ登る急坂だ。慎重に手掛かりを確保して、両手両足を使って登ると、蟻《あり》ノ戸渡《わたり》と呼ばれる細尾根がある。足場が不安定なため、蟻ノ戸渡は通過せずに、左手にある迂回《うかい》路を使おう。

　迂回路には梯子《はしご》が設置されている。梯子を上り切ると鎖がぶらさがっているが、この鎖を使うと蟻ノ戸渡に出てしまう。梯子を上り切ったら左手に伸びる登山道に移れば、安心して歩くことができる。

　梯子を過ぎると、天狗《てんぐ》の相撲取り場と呼ばれる場所に出る。この場所からは泉ケ岳を前衛とした船形連峰の雄大な景色を眺めることができる。天気の良い日には、北に栗駒山の姿を見ることもできる。足場に気をつけて展望を楽しみたい。

　天狗の相撲取り場を過ぎると、間もなく撫倉山の山頂だ。山頂からは仙台湾が望めるほか、栗駒山方面への展望が得られる。

　下山は撫倉山の南面へと下りる。山頂の広場を過ぎると鞍部があり、登り返した先に二又の分岐路がある。左折してすぐに下り斜面となる道を進む。一部登山道のつながりがわかりにくい場所があるが、設置されているロープの通り進めば迷うことなく登山道を歩ける。

　途中に一箇所分岐点がある。左折すると松倉山方面となるので、右折しておどろき展望台を目指す。おどろき展望台の分岐点を左折すると、七ツ森遊歩道に合流し、信楽寺跡登山口に戻ることができる。

コースPHOTO

❶信楽寺跡登山口を出発し七ツ森遊歩道へ進む

❷七ツ森遊歩道入口を進む

❸梅の木平手前の分岐点を直進する

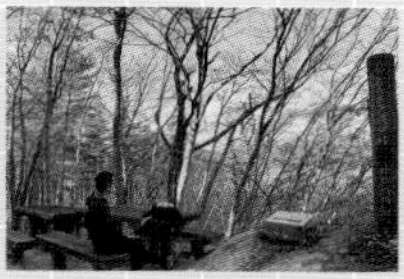

❹梅の木平展望台にはベンチとテーブルがある

❺十字路を右折して撫倉山頂目指して急坂を登る

❻ロープが張られたザレて滑りやすい急坂を登る

❼蟻ノ戸渡を登らずに脇に続く迂回路へ

❽梯子を登りきったら鎖を使わず、すぐに左に曲がる

❾眺望のよい撫倉山頂

❿分岐路を左折しロープが張られた撫倉山の南斜面を下りる

⓫分岐点をおどろき展望台方面へ右折する

⓬七ツ森遊歩道に合流したら信楽寺跡を目指す

荒《あら》沢《さわ》湿《しつ》原《げん》

季節ごとに楽しみたい ハイキングコース

歩きやすく整備された散策路

荒沢湿原は船形連峰北部に広がる湖沼と湿地の総称で、自然観察が楽しめる散策路が整備されている。高低差があまりない歩きやすい散策路なので、初級者でも気軽に自然とふれあうことができる。

荒沢湿原入り口にはビジターセンター機能をもつ荒沢自然館が、田谷地沼を見下ろすように立っている。散策路の確認やトイレが利用できるほか、館内スタッフからさまざまな情報を聞くことができる（冬季は閉館）。

本書では、赤く色づく木々が美しい紅葉の季節、自由に雪原を歩くことができる白銀の季節、雪解け後のミズバショウの季節をそれぞれ紹介する。

紅葉の季節

10月中旬になると薬莱山《やくらいさん》周辺は紅葉の季節を迎える。落葉するさまを含めて11月中旬頃まで美しい紅葉の森歩きを楽しむことができる。荒沢自然館を出発し、田谷地沼東岸の堤防を目指す。コナラを中心とした広葉樹の森が広がり、歩き始めから気持ちよくなるだろう。田谷地沼南岸まで来るとカエデ類やクロモジなどが見え始め、多様性のある森を楽しむことができる。

杉林の分岐を直進し、杉

田谷地沼越しに船形山山頂を望む

林を抜けると、またコナラを中心とした広葉樹の森となる。コースは上田谷地沼を横断するように伸びている。観察デッキを過ぎ、分岐を直進すると田谷地沼に出る。木道をたどっていくと荒沢自然館に戻ることができる。

白銀の季節

雪が降り積もるようになると、荒沢湿原も一面銀世界に変わる。豊富な積雪は新緑や紅葉を上回る美しい世界を作り出す。荒沢湿原はスノーシューコースとしても整備されており、安全のためのコースサインが設置されている。薬莱山麓にある日帰り入浴施設の「薬師の湯」で、荒沢自然館までの除雪状況が確認できる。スノーシューのレンタルも行っている。

薬師の湯ではスノーシューのレンタルを行っている

雪景色の中、暖かい飲み物での休憩は楽しさひとしお

冬は凍った田谷地沼を歩くことができる

春は町の天然記念物のミズバショウを見ることができる

スノーシューコースは1キロ(60分程度)のショートコースと2・1キロ(120分程度)のロングコースがあり、番号が記載されたコースサインが樹木に設置されている。雪の深さや雪質によって所用時間は大きく変化するので、まずは田谷地沼を一周するショートコースをお勧めしたい。

　豊かに水をたたえていた田谷地沼も、この季節は氷結して真っ白な雪原となって広がっている。1月中旬を過ぎると、田谷地沼を歩いて渡ることができるようになる。気温の上昇とともに氷は薄く弱くなるので、2月末までが期間と思ったほうがいい。よく晴れた日には、田谷地沼東岸から船形山の山頂を望むことができる。一面の雪景色と純白の船形山の美しい姿を眺めながら温かい飲み物をゆっくり味わうのも、雪の季節ならではの楽しみだろう。

ミズバショウの季節

　3月下旬になり雪解けが進むと、宮城県加美町の天然記念物に指定されているミズバショウの開花が始まる。その年の降雪状況や気温変化、融雪の進み具合によって時期が異なるため、

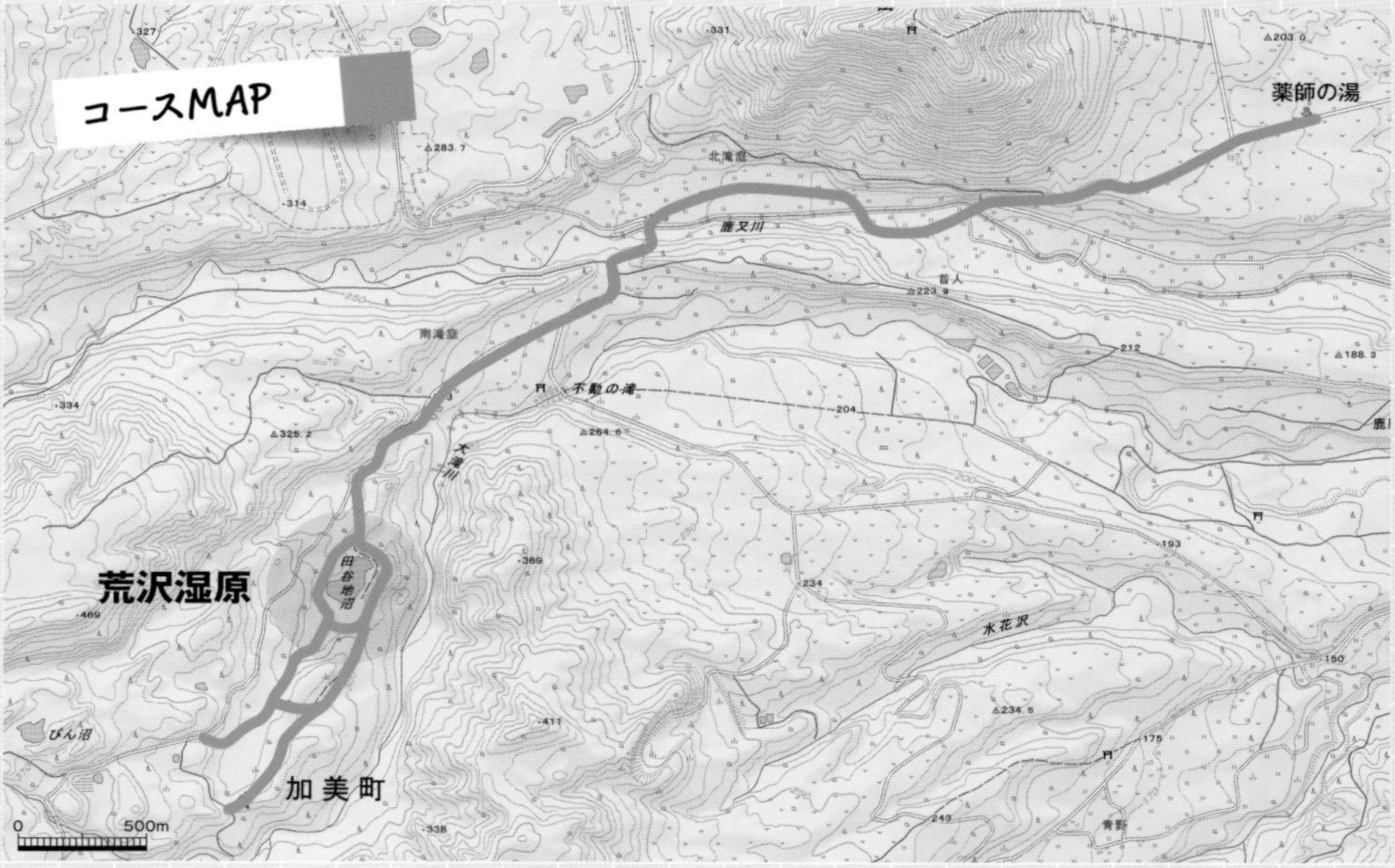

加美町が発表している開花状況を確認しながら訪れたい。開花そのものも重要なことだが、コース上に雪が溶け残っていたり、泥濘《でいねい》がひどい時があったりするため、適切な装備で訪れることも心がけたい。

田谷地沼の周囲には木道が敷設されており、その沿道にミズバショウの群生が見られる。荒沢自然館を背にして右に続く木道を進むと分岐が一つあり、さらに進むと杉林がある。杉林の分岐を左に進み、田谷地沼を一周する。田谷地沼南岸にもミズバショウ群生地がある。天気の良い日は、田谷地沼東岸の堤防から船形山が端正な姿を見せてくれる。

この他、田谷地沼の西に上田谷地沼があり、その周辺にもミズバショウが群生している。融雪状況を見極めて、通行に支障がないようならぜひ上田谷地沼まで足を伸ばしてみてほしい。

【注】荒沢湿原周辺には、クマやイノシシといった野生動物が生息している。野生動物が活発に活動する早朝と薄暮の時間帯は遭遇率が極めて高いため、入山を控えるのが賢明だ。

木道沿いに咲くミズバショウ

course 11

薬《やく》萊《らい》山《さん》（冬《ふゆ》）

豊富な積雪量を誇る
船形連峰北麓の人気里山

難易度 ★☆☆☆
体力度 ★☆☆☆

◉登山口　やくらいガーデンプラザ登山口
◉参考タイム　やくらいガーデンプラザ登山口〜山頂
登り▼1時間
下り▼50分

薬萊山は、広義に船形連峰の一員として紹介される。山麓がリゾート開発されたこともあり、宮城県内屈指の人気をもつ里山だ。積雪量は麓にスキー場を抱えるほど豊富で、標高500㍍《メートル》台の里山ではあるが、大規模な雪庇《せっぴ》が発達するほどだ。遠くから眺めると分かりにくいが、北峰と南峰と二つのピークをもつ双耳峰でもある。

早春や紅葉の登山にも好適な薬萊山だが、本書では雪山入門の適地として紹介したい。薬萊山は、元旦登

桜並木は雪景色でも美しい

山が恒例行事となっており、一年で一番登山者が多いのもこの時期と思われる。宮城県加美町の天然記念物に指定されているブナ林を堪能するのには、登山道に頼らず自由に歩ける雪山シーズンが最も適している。

休日には多くの登山者が訪れるため、しっかりした踏み跡ができあがるが、それを期待しての登山は厳に慎みたい。天候によっては踏み跡は消え、遭難のリス

主稜には風の影響で雪庇が発達する

クが高まるからだ。適切な装備と知識をもって雪山登山に臨みたい。

夏道と同じく、やくらいファミリースキー場の近くにある鳥居から登り始める。奥にあるもう一つの鳥居までたどり着くと、本来の登山口となる。南峰までは明瞭な尾根を登るが、序盤の杉林で迷わないよう気を付けたい。

南峰へ続く尾根は、時に踏み固められ、ツルツルの斜面になっていることがある。軽アイゼンを念のため持参しておくことをお勧めする。

南峰には小さな社があり、その周辺からは吹きだまりも含めて積雪量が増す。南峰から少し下ると姥《うば》地蔵があり、北峰、南峰の鞍部《あんぶ》となる。進行方向右側に発達する雪庇の踏み抜きに注意しながら登り返すと、大きな石碑のある北峰、薬萊山山頂だ。

下山は、往路を戻るのが一番安心できる。登ってきた尾根を忠実に下れば下山することができるが、その尾根から少しだけ外れてみることもお勧めだ。誰の足跡もない場所を歩くことは雪山の最大の魅力だ。ブナの原生林の中に足を踏み入れてみれば新たな発見があるだろう。杉林まで下れば登山口の鳥居が近い。

積雪期は日差しの温かさがうれしい

栗駒山を眺めながらスキー場脇を登る

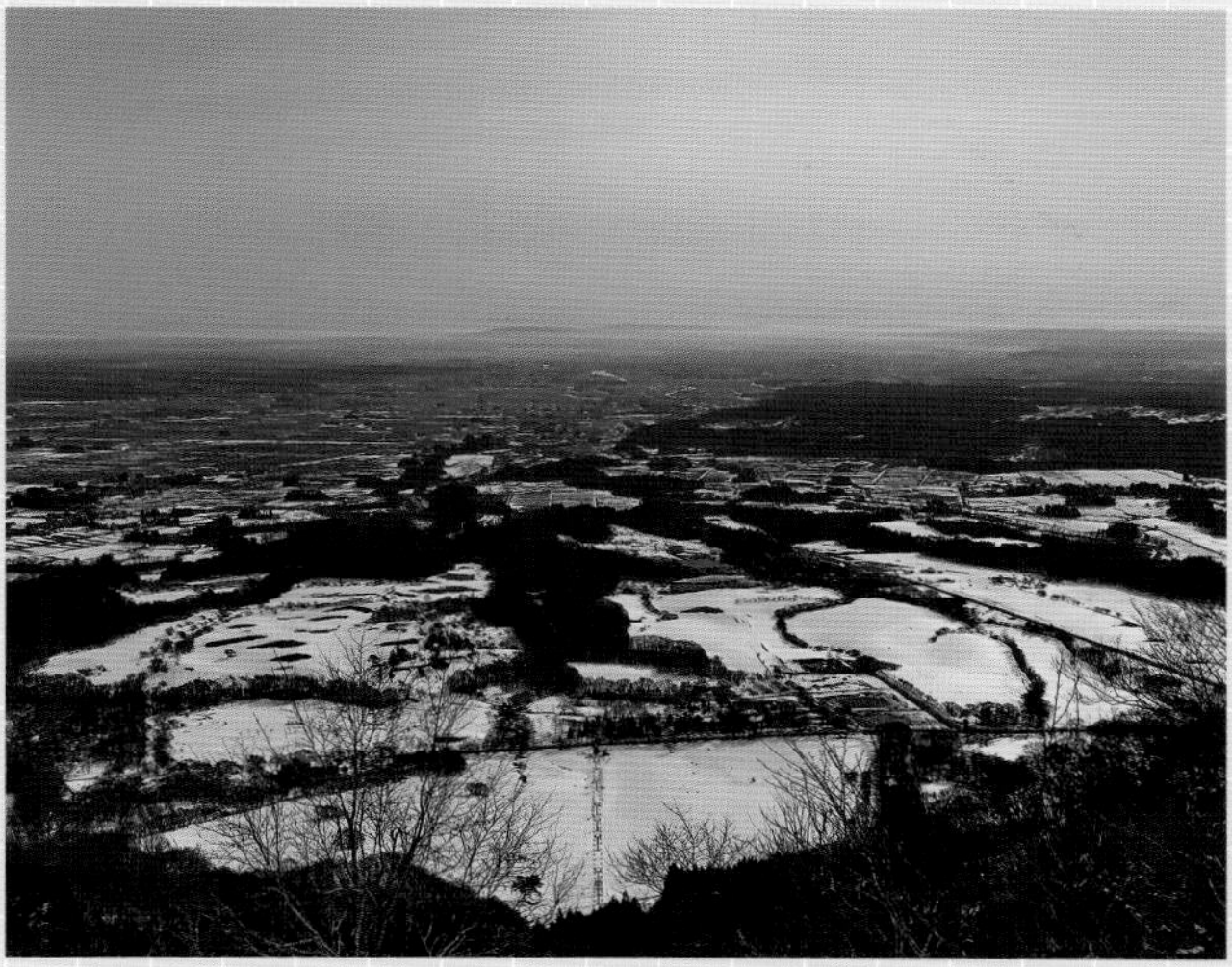

スキー場と大崎耕土を見下ろす

雪は薬莱山の最大の魅力だ

風を避けられる安全な場所で休憩をとりたい

コースPHOTO

❶やぐらいガーデン駐車場から鳥居を目指す

▼

❷二つ目の鳥居から杉林に入る

▼

❸杉林の中、スキー場が右手に見える尾根を目指す

▼

❹中腹にある町指定天然記念物の標柱が正しい尾根の目印だ

▼

❺尾根を登り切ると南峰にたどり着く

▼

❻北峰にある石碑は積雪量が増えればすっぽり雪に埋まる

コラム

雪山歩き

船形連峰では、12月に入ると本格的な雪山シーズンとなる。連峰の中でも標高1000㍍を超えるエリアでは、ゴールデンウイークの頃まで登山道が雪に隠れてしまっている。そのため、道に迷いやすくなり、事故や遭難のリスクを高める要因となっている。

　雪山を歩くにあたっては、標高が高いか低いかは判断基準にならない。七ツ森や薬莱山は標高が低い小さな山だが、積雪期の難易度は決して低くはない。必要十分な装備を整えて、安心感をもって雪山を楽しんでほしい。

　初心者はたとえ経験者が同行する場合であっても、行動時間が3時間程度となる山行から始めて経験値を上げ、徐々に行動時間や距離を長くできるよう努めたい。

　気象の変化にも注意を払いたい。風が強い日、吹雪《ふぶ》いている日は低体温症や道迷いのリスクが高まるので、極力登山を避けたい。また、前日までとの天候の違いが顕著な時は雪崩が発生しやすい。その日の天気がよくても、前日までに悪天候が続いた日は雪崩が起きやすい。

　雪山に関する装備について下にまとめた。しかし、その日の天候、雪の状態などによって正解は現地に行ってみないとわからないことが多い。迷ったら両方持っていき、出発前に現場で判断することも必要となる。

■スノーシュー、カンジキ

深い雪での歩行を確実にするために、スノーシューやカンジキを用意したい。薬莱山では深い場所で積雪1㍍を超えるため、何も装着しない状態では前に進むことが大変困難となる。スノーシューとカンジキとでは、得意、不得意な状況がはっきりと分かれる。スノーシューは急斜面の上り下りと斜面を横切る動作が苦手だが、深い雪に対してはカンジキよりも沈みにくく歩きやすい。カンジキは急斜面の上り下り、斜面を横切る動作は得意だが、足首とカンジキを固定するため、慣れないうちは歩きにくさを感じる。

■軽アイゼン、チェーンスパイク

積雪が豊富な時期であっても、多数の人の踏み跡が硬く氷のようになっていることがある。また春が近づいてくると、解けた雪が冷えて固まって氷化していることがある。このような状況では、カンジキもスノーシューも使いにくいため、軽アイゼンやチェーンスパイクといった滑り止めがあるとよい。どちらも装着に慣れる必要があるので、自宅などで装着の練習をしておくようにしたい。

※2

■シューズ、ブーツ

夏山用のシューズでは足の指が冷えて安全面、健康面から不安が大きい。保温性のあるブーツで、凍った路面でもグリップ力があるものがお勧めだ。防寒長靴はスノーシューやカンジキとの相性がよくないのであまりお勧めできない。

※2

■ウエア（インナー）

寒い季節の登山であっても、運動量やウエアによってはそれなりに汗をかく。この汗が衣類をぬらし、冷気や風がプラスされることで体温をみるみる奪っていく。こうして起きる汗冷えは時に命を奪う危険なものなので、汗冷えを防ぐよう心がけたい。特に綿製品（綿混紡を含む）は、いったんぬれると行動中に乾くことはないので、雪山では絶対に着用してはいけない。ウールや化学繊維のインナーウエアを着用するとともに、水分を全く吸わない素材でできたドライレイヤーも積極的に着用したい。

※1

※1

※1

■ウエア（アウター）

アウター（上着）の目的は防水と防風であるため、夏用のレインウエアを代用できる。しかし、動きやすさ、耐久性を考慮すると冬用のハードシェルを用意したい。

■ウエア（ミドラー）

フリースなどの中間着をミドラーという。保温性と通気性を兼ね備えたものがよく、ダウンジャケットはぬれると保温性が失われてしまうので不向きだ。時にアウターとして一番上に着ている時間が長くなることも想定されるので、その日の天候や気温にあわせて適切なものを選びたい。

■ウエア（パンツ）

上着と違い、登山中に脱いだり着たりすることは難しい。そのため、防風性、保温性を兼ね備えたパンツを着用するのがお勧めだ。また、足さばきは疲労の蓄積と関わりがあるので、ストレッチ性のある動きやすいパンツを選ぶことも大切だ。パンツも天候や気温に応じて使い分けができるよう心がけたい。

■グローブ

※1

グローブを着用する目的は、素手による凍傷や裂傷を防ぐことにある。気温が低い状況で金属を触ることは大変危険で、大けがにつながるおそれがある。グローブは、ひとつのグローブで全ての機能を補うことができないので、重ねて使ったり、予備を用意するのが基本中の基本だ。細かい作業を行いやすい薄手のもの、保温力のあるもの、防水性のあるものなど複数種類を併用するのが望ましい。

■サングラス、ゴーグル

雪山では紫外線による脅威が夏山よりも高い。雪で反射した紫外線がさまざまな方向から降り注ぐ。皮膚は日焼け止めや衣類で紫外線を防げるが、眼球はサングラスやゴーグルを着用する以外に紫外線の脅威から逃れるすべはない。強い紫外線を眼球に浴び続けると一時的に視力が低下したり、失明したりするおそれがある。晴天、曇天でも目の保護のためサングラス、ゴーグルは必ず着用したい。

■スマートフォン、コンパス

現在は、スマートフォンの地図アプリを使うことで正確な現在地を、容易に知ることができるようなった。雪山登山においては大変心強いことだ。積極的に活用し、雪山登山を大いに楽しんでほしいと思う。しかし、スマートフォンは気温が低い状況ではバッテリーの消耗が激しく、行動中に電池が切れてしまう可能性もある。予備のバッテリーを持つよう心がけたい。また、方角を知るという単純な使い方だけの知識で構わないので、コンパスを用意したい。帰る道の方角を知ることができるだけで、遭難のリスクを軽減できる。

協力：ミレー・マウンテン・グループ・ジャパン株式会社※1　株式会社キャラバン※2

泉ケ岳・船形山周辺の花々

泉ケ岳、船形山では雪どけとともに花が咲き始め、初夏に最盛期を迎える。心和む花との出合いを楽しんでほしい。

（ ）内は撮影地

アカモノ（船形山）

イワウチワ（七ツ森）

アズマイチゲ（泉ケ岳・船形山）

アズマギク（泉ケ岳）

エイザンスミレ（泉ケ岳・船形山）

イワベンケイ（船形山）

ウメバチソウ（泉ケ岳・船形山）

イワショウブ（船形山）

エゾオヤマノリンドウ（泉ケ岳・船形山）

エゾアジサイ（泉ケ岳・船形山）

オオカメノキ（泉ケ岳・船形山）

エンレイソウ（泉ケ岳・船形山）

キツネノカミソリ（七ツ森）

キクザキイチゲ（泉ケ岳）

カタクリ（泉ケ岳・船形山）

オトメエンゴサク（泉ケ岳）

サンカヨウ（泉ケ岳・船形山）

ゴゼンタチバナ（船形山）

コバイケイソウ（泉ケ岳・船形山）

シラネアオイ（泉ケ岳·船形山）

サラサドウダン（泉ケ岳·船形山）

ショウジョウバカマ（泉ケ岳·船形山）

タチカメバソウ（泉ケ岳）

セリバオウレン（泉ケ岳·船形山）

スミレサイシン（泉ケ岳·船形山）

シロヤシオ（泉ケ岳·船形山）

ツバメオモト（船形山）

タムシバ（泉ケ岳·船形山·七ツ森）

タチツボスミレ（泉ケ岳·船形山）

ニリンソウ（泉ケ岳）

トリカブト（泉ケ岳·船形山）

ミネウスユキソウ（泉ヶ岳·船形山）

ヒメイチゲ（泉ヶ岳·船形山）

ヒトリシズカ（船形山）

ハクサンシャシャジン（泉ヶ岳）

ミズバショウ（泉ヶ岳·船形山·荒沢湿原）

マイヅルソウ（泉ヶ岳·船形山）

ミネザクラ（泉ヶ岳·船形山）

マンサク（泉ヶ岳·船形山）

ムラサキヤシオ（泉ヶ岳）

ミヤマシオガマ（船形山）

ミヤマキンバイ（船形山）

ヤマブキソウ（七ツ森）

ヤマツツジ（泉ヶ岳·船形山）

遭難原因の大多数を占めるのが「道迷い」だ。
分岐点で地図をもとに行く先を確認することが遭難を防ぐ第一歩となる。

本書の使い方

・各コース名には通称を採用している。
・本文中の時間表記、各コースの参考タイムは目安である。休憩時間は含まない。
・参考タイムなどは、登山道の状態や登山者自身の体力、技量によって大きく異なる。
・各コースの難易度、体力度は星が多いほど難しく、体力を必要とする。
・コースガイドにはできるだけ具体的な時期を記している（例:初夏まで大規模な雪渓が残る）が、その年によって様子が違ったり、ずれることがある。
・本書に収録した情報は2021年3月現在のものとなる。

泉ヶ岳・船形山に登る前に

非日常を感じることができる登山は誰もが楽しめるスポーツだが、事故や遭難の危険も伴う。事前に計画を立て、しっかり準備を整えてから出かけたい。

雪渓が残る初夏までは必要な装備と技術が変わってくる。

沢を渡る際には、その水量にも十分気をつけたい。

登山者（入山者）カードは万が一の備えとして確実に記入、提出したい。

立ち入り禁止等の規制には必ず従うこと。

■泉ヶ岳・船形山の注意

・訪れる季節、天候によって求められる装備、体力、技術が大きく異なる。降雨、強風、低温、降雪、積雪の情報を確認し余裕のある行動計画を立て、十分に安全に配慮すること。
・本書のコースガイドに表示した難易度は、無雪期の登山を想定している。厳冬期、残雪期では難易度が大きく異なる。
・コース中には沢を渡る場所もある。降雨時、降雨後の増水した沢は危険を伴うため、天気予報をもとに登山計画を立てること。
・クマ、イノシシの目撃情報が多数寄せられていることから、遭遇に際して適切な行動がとれるよう備えをしておくこと。
・夏季は特に虫が多いため、虫よけや薬の準備をすること。
・携帯電話の電波が届かない場所も多くある。
・登山口によっては未舗装の林道を使用する。通行時の擦れ違いに注意するとともに、落石、積雪による通行止めに関して事前に各自治体の情報を確認すること。

■安全のために

・登山者カード（入山者カード）に記入して登山口備え付けの専用箱に入れるか、最寄りの警察署へ登山計画書を提出する、オンラインで提出するかのいずれかを登山開始前に済ませておくこと。
・登山道以外は原則立ち入らないこと。
・地形図とコンパス、スマートフォン用の地図アプリを用意し、道迷いに注意すること。
・地震や地鳴り、鳴動など異常を感じたときは、慌てず速やかに下山すること。

■入山（登山）規制について

・落石や増水などにより、入山（登山）が規制される場合があるので、事前に登山口を管轄する宮城、山形両県など各自治体からの情報を確認すること。

南東北名山ガイド

泉ケ岳
IZUMIGATAKE
船形山
FUNAGATAYAMA

発　行　2021年4月26日
発行者　小野木　克之
発行所　河北新報出版センター
〒980-0022
仙台市青葉区五橋一丁目2-28
河北新報総合サービス内
TEL　022 (214) 3811
FAX　022 (227) 7666
https://kahoku-ss.co.jp/
印刷所　山口北州印刷株式会社

ISBN 978-4-87341-413-3
定価はカバーに表示してあります
乱丁・落丁本はお取り替えいたします

■本書の地図は、国土地理院の電子地形図25000（自由図郭：泉ヶ岳・船形山周辺）に本書オリジナルの登山情報を追記して掲載したものです。
p.8～9泉ケ岳（1:43,478）／船形山（1:73,529）／七ツ森（1:52,631）／薬莱山（1:28,901）／p.23泉ヶ岳（33,783）／p.27泉ヶ岳～船形山（1:78,740）／p.31仙台泉ヶ岳トレイルラン（1:32,894）／p.41升沢コース（1:53,763）／p.47観音寺コース（1:53,763）／p.51柴倉山（1:56,818）／p.55白髪山（1:56,818）／p.59七ツ森縦走（1:40650）／p.63撫倉山（1:40650）／p.67荒沢湿原（1:43,103）／p.71薬莱山（1:29,069）

■本書の情報は2021年3月現在のものです

■編集・制作

執　筆	太宰智志	
編　集	塚　崇範	（山口北州印刷株式会社）
	小原藤子	（山口北州印刷株式会社）
撮　影	嵯峨倫寛	
	太宰智志	
	岩井美裕希	
	米城一政	
	小松基広	
デザイン	高橋龍一郎	（山口北州印刷株式会社）
	鎌田夏美	（山口北州印刷株式会社）